城市公共交通系列丛书

城市公共交通服务与管理

济南市公共交通总公司　编著

人民交通出版社

内容提要

本书从乘客的具体乘车需求出发，结合国内部分城市公共交通企业的先进经验和做法，全面介绍了城市公共交通服务管理工作的有关内容，包括服务质量管理和基础管理、服务规范及礼仪、服务绩效考核、服务培训、乘客满意度调查、信息化在服务管理中的应用等。

本书可作为城市公共交通企业服务人员的培训教材，对提升公共交通企业服务质量与服务管理水平也有一定的参考价值。

图书在版编目（CIP）数据

城市公共交通服务与管理 / 济南市公共交通总公司编著.
--北京：人民交通出版社，2012.9

ISBN 978-7-114-10042-0

Ⅰ.①城… Ⅱ.①济… Ⅲ.①城市运输-公共运输-服务质量-质量管理 Ⅳ.①F572

中国版本图书馆 CIP 数据核字（2012）第 200841 号

书　　名：城市公共交通服务与管理
著 作 者：济南市公共交通总公司
责任编辑：何　亮
出版发行：人民交通出版社
地　　址：(100011) 北京市朝阳区安定门外外馆斜街 3 号
网　　址：http://www.ccpress.com.cn
销售电话：(010) 59757973
总 经 销：人民交通出版社发行部
经　　销：各地新华书店
印　　刷：北京鑫正大印刷有限公司
开　　本：880×1230　1/32
印　　张：4.75
字　　数：108 千
版　　次：2012 年 9 月　第 1 版
印　　次：2013 年 5 月　第 2 次印刷
书　　号：ISBN 978-7-114-10042-0
印　　数：3501-4500 册
定　　价：18.00 元

编 委 会

目 录

第一章 城市公共交通服务管理概述

第一节 城市公共交通服务管理的定义与性质

一、城市公共交通服务管理的定义

城市公共交通服务管理，是公共交通企业管理者为满足乘客出行基本需求所进行的全面管理过程。

城市公共交通提供的服务，有广义和狭义之分。

从广义上讲，是为社会提供具有特殊使用价值的服务成果，也就是使用交通工具和设施作为代步工具，实现人的空间位置移动，为民众提供出行服务。这种服务是由乘务人员、调度人员、驾驶人员、检查人员的直接劳动和保修人员、后勤人员、管理人员的间接劳动相结合，通过运营车辆和站务设施表现出来的综合性服务。因此，广义的服务管理就是对公共交通企业所提供的运营服务整个过程的全面管理活动。其主要环节是，从客运市场需求出发，合理安排运力，满足乘客的基本需求。

从狭义上讲，城市公共交通提供的服务，是公共交通企业通过公交车辆运营和相关人员的服务来实现的。这种直接面对乘客的服务，是由驾驶员、乘务员的直接劳动和管理人员的间接劳动相结合，通过公交车辆运营实现的。因此，狭义的服务管理是服务质量和服务专业管理的总称，是对公共交通运营所提供的服务质量全面管理的过程，包括对车厢服务质量的管理、对车辆清洁及车辆安全服务设施的管理、对站台秩序的管理、对专业管理人员的管理等。

二、城市公共交通服务管理的性质

城市公共交通服务的性质与城市公共交通企业的性质是密不可分的，要了解城市公共交通服务的性质，首先要明确城市公共交通企业的性质。城市公共交通企业，是具有社会公益性的服务性企业，其特点主要体现为企业社会效益和经济效益的矛盾性与统一性。社会效益主要以优质服务的客位公里来体现。也就是说，在规定的时间内，城市公共交通企业为社会提供的客位公里越多，市民出行越方便，城市越受益，社会效益就越高。经济效益主要体现在运营收入上。在同样条件下，同一时间内，乘坐公共交通工具出行的人数越多，运营收入越高，企业的经济效益就越好。

社会效益和经济效益两者间的矛盾主要表现在，对社会提供的社会效益越高，企业的投入就越大。而从目前各地城市公共交通企业实际运营情况来看，这种投入远远大于收回的补偿，所以呈现出两个效益反向运转的特殊规律。

统一性表现在两个效益同在公共交通企业所肩负任务的统一体之中。在相同投入的条件下，公共交通企业所提供的服务越好，公益性越强，也就越能够吸引客流，越有利于巩固在客运市场上的主导地位，并能相应提高企业的经济效益。公共交通企业投入和创造的服务价值，融于各行各业的经济效益之中。从这个意义上说，社会效益和经济效益在总体上是一致的。

城市公共交通的性质及其特点，决定了城市公共交通企业的服务管理必须坚持“以运营服务为中心”，充分利用企业的人力、物力、财力，为企业创造良好的经营环境，努力为乘客提供“安全、方便、快捷、舒适、经济”的乘车条件。

第二节 城市公共交通服务的特点与作用

一、城市公共交通服务的特点

(一) 服务对象的广泛性

公共交通是城市客运的主体，为社会各个阶层的民众提供客运服务，其广泛的社会性不言而喻。公共交通线路网覆盖城市各个区域，连接城乡，是人们沟通与交往的重要渠道。作为社会公共服务设施，公共交通的经营与管理状况，也是被人们广泛关注的。公共交通各种服务设施遍布城乡，点多面广，站台和车厢也是乘客与乘客、乘客与乘务人员交往活动的场所。城市公共交通运营服务水平，对乘客、对社会都会产生广泛的影响。

(二) 服务方式的开放性

城市公共交通的服务，是由驾驶员、乘务员（简称“驾乘人员”）和其他服务人员在站台或车厢，直接面对乘客提供的。整个服务过程公开、透明，始终置于乘客的监督之下。因此，城市公共交通服务工作如何，乘客感受最深，评价最有权威。

(三) 服务作业的分散性

城市公共交通的运营服务工作主要依靠单车作业，一辆辆公交车每时每刻遍布城市的各个角落，分散行驶在道路上。这种特点一方面给管理工作带来了难度，另一方面也对驾乘人员的素质提出了更高的要求。作为管理者，要经常深入一线，了解情况，掌握规律，加强检查、监督、考核。驾乘人员要增强执行岗位规范的自觉性，做到领导在与不在一个样，自觉服从调度指挥，与其他车组、人员团结协作，确保为乘客提供规范及优质的服务。

（四）服务时间的规定性

城市公共交通的主要任务是在规定的线路、规定的时间内把乘客安全运送到目的地。因此，时间对城市公共交通具有比较特殊的意义。对于企业来说，时间就是效率，时间就是效益，时间就是信誉。每一名驾驶员、乘务员、调度员都要严格遵守运行时刻表，根据时刻表安排车辆、人员，最大限度做好运营工作。对于乘客而言，“准点、迅速”是其基本出行要求，也是对城市公共交通企业信任之所在。此外，时间的规律性也体现为客流量在不同时段的不均衡性。掌握这个规律，合理安排运力，既能满足乘客出行需求，又可以节约企业成本。

（五）服务环境的制约性

城市公共交通服务受多种因素制约，其中，主要是社会环境和自然环境两个方面。

社会环境包括城市建设布局、公共交通票价、城市精神文明建设水平等。有的城市在规划建设中与公共交通发展不同步，影响了公交线路的开通，给市民乘车造成不便；长期的城市公共交通低票价政策，使公共交通企业亏损加大，改善服务设施有心无力；城市精神文明建设水平的不均衡，也制约了公共交通服务水平向更高层次发展。

自然环境包括城市的地理位置、道路设施以及气候条件等。城市的地理位置不同，城市公共交通的服务设施和服务活动也不尽相同。无论哪类城市，公共交通企业都需要与其他出行方式协调配合，满足居民出行需要。城市道路条件，直接关系着城市公共交通的服务质量，现阶段，道路建设往往跟不上私家车保有量的增长速度，道路少，车辆多，必然带来交通拥堵问题，在一些大、中城市普遍存在交通拥堵现象。恶劣天气对公共交通的影响更为严重，如客流骤增骤减、运行秩序混乱，甚至会出现无法运营的情况。公共交通受这些因素的影响，运营和服务的效率得不到充分的发挥，长此以往，必然制约公共交通的发展。

近年来，国家出台了一系列优先发展城市公共交通的政策和措施，吸引市民选择公共交通工具作为出行方式，努力减轻道路拥挤压力，城市公共交通的发展环境有了明显改善，各地公共交通行业有了较快发展。

二、城市公共交通服务管理的作用

服务管理是城市公共交通企业管理的重要组成部分，它能够贯彻实施企业的经营方针，提高企业运营服务的整体水平。城市公共交通服务管理的作用，主要表现在以下几方面。

(一) 促进企业社会效益和经济效益的提高

城市公共交通企业是专门从事城市客运的服务性企业，公共交通企业通过科学、规范的服务管理，可以促进企业经营目标的实现。同时，服务管理还可以直接促进企业经济效益的提高。由于城市公共交通是公益性服务企业，目前多采用低于成本的低价格票制，依靠政府的财政补贴维持企业的运转。在这种低价格票制下，推行规范化服务，采取有效措施，吸引更多的市民乘坐公交车，提高票款收入，是公共交通企业增收的主要途径，也是企业确保经济效益的关键环节。由此可见，科学规范的服务管理，可以大大促进公共交通企业经济效益的提高。

城市公共交通属于典型的“窗口”行业，能够直接反映和体现城市精神文明建设水平。科学、规范的服务管理，能够提高公共交通服务人员的素质，保证行业服务的规范化。优质的服务又能够促进良好、和谐人际关系的建立，展示企业的形象，推动城市精神文明建设。

(二) 落实企业经营方针，为乘客提供满意的服务

城市公共交通企业的所有工作都是围绕满足乘客需求这个核心展开的，因此企业经营方针的落脚点就是为乘客提供优质的服务。随着市场经济的深入发展，客运市场的竞争日趋激烈，在这种情况下，服务质量就成为竞争的重要手段。

服务管理最主要的作用就是通过制订服务标准和规章制度、加大检查考核力度等措施，对服务工作进行全员、全过程的管理，确保服务人员为乘客提供优质的服务，令广大乘客满意，从而使企业的经营方针得到贯彻落实。

(三) 确定服务管理目标，提高服务水平

在城市公共交通服务管理过程中，可依据企业的性质、经营方针和客运市场供求关系的变化，通过调查服务质量的状况，特别是乘客最满意和最不满意的方面，制订出符合实际的服务管理目标，根据社会发展的需要和物质条件的变化，不断修订完善服务标准，确定切实可行的服务管理目标。实践证明，随着人们物质生活水平的不断提高，人们的出行需求也在发生深刻变化。通过服务管理，能充分了解乘客需求，适应乘客需求的变化，不断探讨提高服务水平的途径、方法，全方位提高服务水平。

(四) 协调服务者与被服务者、公共交通企业与社会的关系

公共交通企业管理本身与社会、与乘客有密切的关系，管理者也需要直接与乘客、与社会有关部门和企业接触，倾听乘客的意见，了解乘客的需求。不仅如此，企业实施每一项新的管理措施，调整每一项管理办法，都需要与社会互动，需要了解社会的反映，接受社会的监督，得到乘客的理解和支持。服

务管理需要做大量的协调工作，要不断协调公共交通企业与社会的关系，创造良好、和谐的服务环境。因此，服务管理可以协调公共交通企业与乘客、公共交通企业与社会的关系。

第三节 城市公共交通服务管理的目的与任务

一、城市公共交通服务管理的目的

实行服务管理的根本目的，是根据客运市场的变化，从乘客需求出发，按照企业的性质和经营目标，不断提高服务水平，为乘客提供优质服务。

二、城市公共交通服务管理的任务

城市公共交通企业是公益性的服务企业，其根本任务是以运营为中心，组织经营城市客运交通，为乘客提供安全、方便、迅速、舒适、经济的乘车条件。这一根本任务最终要靠服务来实现，具体体现在以下几个方面。

(1) 根据企业的性质和经营方针，对行车服务的全过程进行管理。

城市公共交通服务质量具有独特性，要做好服务质量管理必须依靠政府部门、行业协会、公共交通企业以及广大乘客的共同合作，也离不开社会各界的相互理解和支持。通过齐抓共管，优化服务质量，提高公共交通运营服务水平，才能不断满足日益增长的市民出行和乘车需求。政府部门、行业协会、企业三层次管理体系，必须明确各自职责，做好各自工作，对行车服务的全过程进行管理，才能为社会提供优质的服务。

(2) 确定服务管理目标，制订服务管理计划并组织贯彻实施。

城市公共交通是以为乘客提供乘车服务为特征的窗口行

业，公共交通企业应该围绕为乘客提供优质服务，加强对服务过程的管理，并根据城市公共交通的发展规划，确定企业服务质量的方针、目标，制订健全和落实必要的规范制度。还要依照国家有关政策、法规以及客运服务等方面的管理制度，实施对企业员工的管理、奖罚等。

（3）组建专业服务管理机构，指导专业管理人员履行职责。

公共交通企业要建立专业服务管理机构、配备专职的服务质量管理人员，对包含服务管理人员的业务素质、专业能力、办事效率以及工作技巧等在内的整个运营服务全过程实施管理。专业服务管理机构应定期对基层单位的服务管理工作进行检查与指导，对服务管理人员的工作情况进行评估和考核，保证运营现场管理、检查、考核到位，促进企业服务质量的稳步提高。

（4）制订并完善检查、监督、控制、考核服务质量的方法和管理制度。

为了规范服务人员的工作行为，维护有序的运营秩序，确保公共交通运营服务质量，企业应建立健全必要的规范制度和工作机制，包括行车安全、运营调度、车辆维护、车辆清洁、服务标志以及驾乘人员服务规程等方面的管理规定。要有规范、有检查、有考核、有奖惩办法等，规定要具有可操作性，方便管理人员检查、考核，强化企业标准化和规范化管理，确保企业运营服务质量的目标实现。

（5）加强驾乘人员管理。

服务管理人员要定期组织驾乘人员进行职业道德等方面的培训和教育，使每一名从业人员做到爱岗敬业，这是做好公共交通运营工作的前提。要定期组织服务人员进行业务技能的指导和培训，提高服务人员业务能力。要结合企业的特点，广泛开展形式多样的精神文明创建活动和优质服务竞赛活动，通过大力宣传先进典型，在企业内部形成“比、学、赶、帮、超”的氛围，充分调动广大员工的工作积极性，不断提高员工的整体素质。

(6) 主动接受社会监督，不断总结服务管理经验，坚持调查研究，努力探索提高服务管理水平和整体服务水平的途径。

公共交通是面向社会的，公共交通服务的开放性决定了服务质量无条件地置于社会各界的监督之下。无论是乘客对公共交通服务质量的表扬，还是对公共交通服务质量的批评，都会不同程度地反映出乘客对服务的需求。服务管理人员应根据乘客在服务监督过程中的不同反映和发现的问题，及时总结经验，改进工作，并主动与社会各界进行沟通和交流，认真研究解决问题的对策，增进与乘客之间的理解和支持，促进服务质量的提高。

第四节 乘客对城市公共交通服务的需求

“乘客”这一概念内涵丰富，任何种族、任何国籍、任何层次的人，只要是乘坐公共交通工具，便是公共交通乘客。乘客的构成是非常复杂的，情况各异的人进行同一活动时也会有不同的需求。

乘车是人们进行的一种经常的、广泛的社会活动。乘客从产生乘车的动机开始，到等车、上车、乘车、下车的整个过程中，都会产生有目的、有意识的心理活动和不同的需求。乘客在乘车过程中要看、要听、要说、要想，作为公共交通企业和企业的服务人员，只有充分掌握和了解乘客的需求，才能有针对性地为乘客提供满意的服务，最终建立起适应城市需要的、完善的城市公共交通系统。

一、乘客对公共交通服务需求的基本特点

乘客对公共交通服务的需求很多，它受社会价值导向作用以及季节、天气、乘车条件和环境、体质、心理等因素的影响，随时随地都会发生规律性的变化。最初，这种需求是由乘车需要产生并发展起来的，在这个过程中，不同的乘客获得乘车需要的强度不同，对乘车条件的选择就会有不同的标准，它的发展受到社会、政治、经济、文化、道德等多方面的影响。在某种程度下，乘车条件决定乘客需求心理。有什么样的乘车条件，乘客就会产生什么样的需求心理，具体表现为以下几点。

（一）乘车目的的明确性

正常人的活动都是有目的、有意识的。人们乘车的目的就是想要到达某个地点或场所，而乘坐公交车就是到达目的地的手段。因此，乘坐公交车的目的性是非常明确的，无论选择什么样的交通工具，其根本的目的就是为了到达目的地。

正是由于这种明确目的的指引，所以乘客会有选择性地乘车，首先要选择省时的线路、路途最近的站点。不同的乘客在乘车时的目的性表现还有一定的差异，有的在此基础上还会依据乘坐线路的车辆舒适度、客流的多少进行选择。一般情况下，有固定工作的成人和在校学生乘车时的目的性是非常明确的，具有明显的乘车规律。而生活性的出行，如购物、旅游等，易受季节交替和天气变化等客观条件的影响，乘车的目的性灵活多变。乘车的目的性体现了乘客对公共交通的服务需求，公共交通企业应适应乘客的出行规律，有针对性地提供服务，使乘客能够顺利地实现出行目的。

（二）乘客需求的普遍性

普遍性是指乘客中普遍存在的服务需求，主要包括物质需求和精神需求两个方面。

1. 物质需求

候车时间较短、上下车方便、保证乘车安全以及能够准点到达目的地，这是大多数乘客最基本的物质需求。

2. 精神需求

乘车过程是在特定的空间内来实现的，也就是在运营路线上，在车厢内部发生的。乘客在乘车过程的每个环节中，会产生感觉、知觉、记忆和思维等心理反应。同时，乘客与乘客之间、乘客与服务人员之间，还会发生很多接触和交流。因此说，车厢是人际交往和感情融通的场所。乘客在乘坐公交车时，需要得到服务人员的理解、尊重，享受到热情的服务，在精神上得到满足。

（三）乘客需求的特殊性

不同的乘客对公共交通有不同的服务需求，这就形成了需求的特殊性。以生产、工作、求学为目的的乘客，需要及时、迅速、准时到达目的地；以游览、购物、探访亲友为出行目的的乘客，侧重于城市公共交通服务的便利性与通达性；而一部分生活较为富裕的居民和从事经营管理的乘客，则追求公共交通服务快速和舒适的品质。

在城市公共交通提供运输服务的某些时段，乘客中外来流动人口的比例会超过城市居民，成为公共交通的主要服务对象。外来流动人口一般对城市的地理环境、乘车秩序以及乘车规则较为生疏，语言与习惯也不尽相同。因而，对于公共交通的服务需求，也具有不同于本地居民的特殊性。

（四）乘客需求的层次性

乘客对公共交通的需求，是乘客在长期社会实践中产生的社会心理之一，具有非常鲜明的个性特征、不稳定特征和高、中、低多层次的结构特征。乘客最基本的需求是“有车可乘”，其次是安全、价格低、方便、迅速、准点、座位多且舒适等需求。当“有车可乘”以外的条件无法满足时，“有车可乘”便成为乘客最高的需求层次。当“有车可乘”以及其他乘车条件都满足时，不同的乘客就会按照自己的需求作出不同的选择。社会地位高或消费水平高的乘客会看重“乘车秩序”和“服务态度”等需求层次的选择；老、弱、病、残、孕等群体则看重“安全”和“座位多且舒适”等需求层次的选择；而上班族会看重“准点”和“价格低”等需求层次的选择。图 1-1 为乘客需求层次结构图。

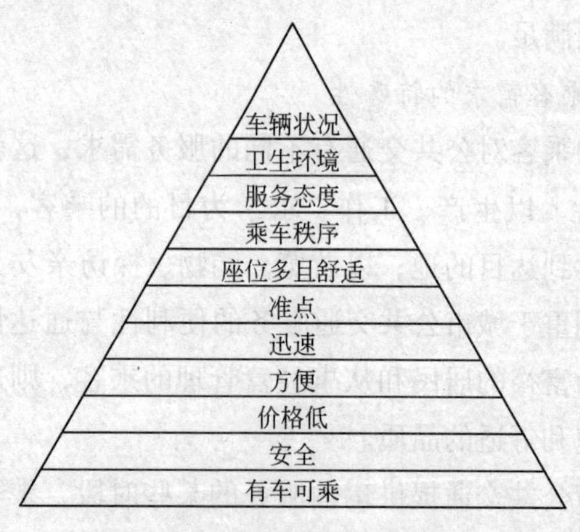

图 1-1 乘客需求层次结构图

（五）乘客需求的渐进性

随着城市建设的发展以及人类文明程度的提高，乘客对公共交通的需求日益增长，对线路走向、站点设置、乘车环境、车辆设施以及服务人员等方面的要求越来越高。在站点设置方面，不仅要求站牌清晰、便于查看，还要美观、适用，并与城市环境相谐调，起到美化作用。此外，还要求站点设置遮阳棚和座椅，方便乘车时等候、休息。在车厢环境与设施方面，不仅要求车厢内要有良好的卫生条件，还对座椅、扶手，甚至是视觉和空气环境提出新的要求。从总体上看，乘客的价值观是向上健康发展的。人民生活水平的提高推动了乘客需求心理由低向高不断发展，不可能永久停留在"有车可乘"的层次上。城市公共交通如果不能适应这种需求的变化，就会逐渐失去对乘客的吸引力。由此可见，只有不断丰富服务内容，拓宽服务领域，满足乘客的不同需求，才能为乘客提供全过程的优质服务。

二、乘客对公共交通服务的具体需求

乘客乘坐公共交通，就是要安全、准点、方便、快捷、舒适地到达目的地，对于城市公共交通来说，服务是一个大范畴，是在公共交通企业各部门之间进行传递的过程，任何一个方面都有可能影响到乘客的乘车需求。

1. 车辆设施

乘客无论乘什么车都想在乘车过程中有一个舒适、洁净的车厢环境和一种宽松、和谐的乘车氛围。这种意念既反映了人的本能，即生理上的需要，同时也反映出人的心理即精神上的需要。作为城市公共交通企业，有义务也有责任为广大乘客提供一个完美、舒适的硬件环境（包括车型、车况、车厢内的设施等）。

（1）车况影响乘客对安全的判断，好的车况容易被乘客认为更有安全感。如果同一站点两条线路均可到达某一目的地，人们倾向于选择新车线路。车况好的线路，除了舒适之外，人们会认为车况好的公交车出故障的概率较小。

(2) 清洁是指车厢内要有良好的卫生条件，座位干净，地面无杂物，空气清新。良好的卫生条件，可以提高乘客的乘车兴趣，保持心情愉快。

(3) 结构、设施安排要合理、方便，在安排车厢结构时，要充分考虑乘客的需要，针对乘客的不同特点、不同需要，使车厢结构更合理、更科学。

例如：病残、腿脚不灵便的乘客以及老年人、儿童，会感觉高地板、多踏步车辆上下车很不方便，因此，应考虑改进车门结构，使车门踏板与站台处于同一水平线上，方便特需乘客登乘车辆。

2. 站点设置

乘客集结和疏散之地称为站点。站点具有固定性，运行线路上平均每隔五六百米就有一个站点。乘客大多就近选择乘车地点，以求方便。可见站点设置的第一要求就是要设置在人流集中的地方，以满足乘客就近乘车的需要。同一路段多条线路的站点应设在同一位置，方便乘客换乘。

站点要设置站牌，并有明确的指向性，即站牌标志要清晰地标明运行线路的途经站点、乘车方向、首末班发车时间等。国内有些城市公共交通信息化建设相对较完善，已使用GPRS卫星定位系统，可以提前告知乘客某线路目前到达哪一站，距离本站还有几站路程等信息，对于乘客选择乘车线路有很大帮助。同时，站点要设置遮阳棚和长凳，对于客流密集的中转站、大站，还应加设长廊、安全护栏等，方便乘客候车。

除此之外，站点的设置还要与城市整体建设相协调。在繁华的街道和主要游览场所，更要考虑站点设置与周围环境的和谐一致，应有指示明晰的站牌、美观适用的遮阳棚等设施，使公交站点成为城市的一道风景。

3. 乘车间隔

科学的运行间隔是满足乘客需求的前提，乘客选择公共交通工具最主要的目的就是尽快到达目的地。但如果车辆运行间隔过大、乘客等车时间过长，不能按计划时间到达，将不能满足乘客的乘车需求，这时，即使公共交通企业的服务再好，乘客也不会满意。这就需要城市公共交通企业通过经常性的客流和路况调查，制订科学合理的行车计划，对车辆运行过程进行监控，规范公交车辆运行秩序，满足乘客需求。

4. 安全因素

"安全"是城市公共交通企业优质服务最重要的指标，驾驶员要时刻牢记"安全行车"，乘务员也有责任和义务积极配合驾驶员认真做好行车安全工作，避免乘客和行人的财产和生命受到意外损失。公共交通驾乘人员要提高安全意识，严格遵守道路交通安全法规和各项规章制度，公共交通企业相关人员要经常对驾乘人员进行安全教育和培训，严格检查车辆技术状况，从各个方面确保行车安全。

5. 车厢服务水平

良好的乘车环境等硬件设施固然重要，但更为重要的是城市公共交通从业人员应该牢固树立主动、热情为乘客服务的意识，尽可能为乘客营造一个洁净、温馨、宽松、和谐的乘车氛围，想方设法满足乘客的需求。在城市公共交通硬件条件还有待完善的状况下，优质的服务在一定程度上可以弥补硬件的不足，因此，公共交通企业要努力提高服务质量，使乘客高兴而来，满意而归。

另外，乘客心理也是不可忽视的要素。乘客在乘坐公交车时，总是希望线路越多、越方便越好，乘客在乘行中的共同心理是：不论出行距离多远，都能有方便的公共交通线路满足出行需求；车辆间隔时间不能太长；首、末班车能满足随时出行的需求。在现实生活中因为客观条件限制，乘客的这种心理需求往往得不到充分满足。例如，乘客外出时，希望线网密集，到达目的地换乘的线路越少越好。但由于道路环境、客源的客观因素限制，某些乘客的需求是得不到满足的，在这种情况下，他们会产生不理解、易激动、心中不满等情绪，在行为上会有语言过激、行动粗鲁、不配合等表现。这就需要公共交通企业在尽可能满足乘客需求的同时，理解乘客，耐心做好相关工作。

第二章 城市公共交通服务管理内容

公共交通的服务工作，主要是由驾驶员、乘务员和调度员等来完成的。他们为乘客提供的服务质量如何，涉及广大市民的切身利益，关系到整个公共交通企业的经济效益和社会效益。因此说，以服务为中心的运营生产过程，本身就决定了服务管理在企业管理中的重要地位。公共交通企业要想提高经济效益和社会效益，提高公共交通分担率，发挥在客运市场中的主导地位，就必须加强管理，提高服务质量。服务管理是由服务质量管理和服务基础管理工作两部分组成的，服务管理的内容非常丰富，各项内容之间又有着紧密的联系。

第一节 城市公共交通服务质量管理

我们通常所说的服务质量，一般是指商业和餐饮等服务性行业以及其他公共服务事业为顾客服务的好坏程度。公共交通的服务质量，是指公共交通企业在运营生产过程中为乘客提供服务的好坏程度。

服务质量管理主要包括驾乘人员管理、服务质量监控管理、服务质量指标考核、票务制度管理、车辆卫生管理、车辆服务设施管理和其他管理等内容。

公共交通企业的服务质量，主要表现为乘客提供服务的硬件质量和软件质量。硬件质量主要包括运营车辆状况、服务设施、站台设施等因素。软件质量主要是指驾驶员、调度员、乘务员等为乘客提供的服务质量，他们主要是通过自己的劳动和服务行为，在保证乘客安全，准点到达目的地的同时，满足乘客出行时的心理需求。在相同的硬件环境下，服务人员的服务质量差异，决定着整个公共交通服务质量的水平。

一、公共交通服务质量管理的基本要求

公共交通服务质量由于包含物质质量和劳动质量两个方面的因素，所以易受国家经济实力和所处城市的客运交通方针、政策的影响。虽然各地公共交通企业的经营和管理水平不同，服务的侧重点也各有不同，但对服务的基本要求大致相同，即为乘客提供安全、方便、快捷、舒适、经济的乘车条件，最大限度地减少乘客的出行时间，降低出行成本，服务质量管理工作必须围绕服务的基本要求来进行。

1. 安全

安全是公共交通企业各项工作的重中之重，也是一切工作的基础，关系到广大乘客的生命财产安全、企业效益、社会稳定与和谐。安全工作也是服务质量管理工作的重要内容之一，是做好服务工作的前提。安全主要包括以下几个方面的内容。

（1）行车安全。在运行当中保证车辆运行平稳，防止发生交通事故，维护正常的运行秩序，保障乘客、行人及其他交通参与者的安全。

（2）驾乘人员人身安全。驾驶员和乘务员在服务和售票过程中，要注意自身安全，避免因车辆紧急制动或突发事故造成伤害。

（3）设施安全。运营车辆的各种设施应齐全，各项设备技术性能状况应保持良好，避免发生机械故障和意外事故延误乘客

时间。

(4) 乘坐安全。在开关车门和乘客上下车时应给予提示，避免发生挤夹事故。车厢内的扶手和座椅要保持完好，尤其是应避免因螺丝等部位松动而发生意外事故。

(5) 财物安全。提示乘客携带好自己的物品，避免遗落或丢失。

2. 方便

方便既是乘客乘车的基本要求，也是公共交通服务质量的重要内容。公共交通的方便，首先是线网密度与布局合理，其次是交通工具的多样化，再次是站点设置方便换乘。有些城市在条件允许的情况下，还可以根据环境提供车等乘客、招手上车、就近下车等服务。公共交通要适应各种不同乘客的需要，使人们乐于乘坐。公共交通越方便，对城市居民的吸引力就越大。

3. 快捷

快捷是乘客乘车的基本要求，也是现代交通的特点和优势。具体体现在乘客候车、运送乘客时间要短，步行到站点的时间要短，车容量要大，车到站后乘客能迅速上车。这些都是现代化公共交通优越性、经济性的主要标志。因此，公共交通应最大限度地节省乘客的出行时间。准时虽然是乘客乘车的基本需求，但由于受自然气候、道路交通状况的制约，公共交通的准时只能是相对的，这就要求驾驶员严格执行运行计划和调度命令，特别是要保证首末班车的发车时间，运行中尽量减少停站时间，保证车辆到达中途站和终点站的时间误差在规定的范围之内。驾驶员还要积极疏导乘客上下车，在保证安全的前提下，确保在每个站点乘客能以最快的速度上下车，尽可能节省乘客的乘车时间。

4. 舒适

公共交通为乘客提供舒适的乘行服务，主要表现为以下几个方面。

（1）动力充足，均衡满载，候车时间短。

（2）站台和车辆设施齐全、完好、实用、有效。

（3）保持车厢内外和设施的清洁，为乘客提供良好的乘车环境。

（4）根据季节和气候的变化使用空调，调节好车厢内的温度，播放音乐或视频等，创造良好的乘车氛围。

（5）服务人员使用普通话服务，热情待客，文明服务，用语规范，主动照顾老、弱、病、残、孕等特需乘客。

5. 经济

公共交通是城市居民出行的首选交通工具，我国大中城市的公共交通一般采取低票价政策，公共交通票价是由政府依据国家规定的收费标准，根据公共交通提供的服务质量、水平和社会承受能力进行调控的。公共交通企业和驾乘人员必须严格执行收费标准和票务制度，严禁乱收费、乱罚款。保持好公共交通的经济性，才能充分发挥公共交通的优势，吸引更多的市民乘坐公交车。

二、公共交通服务质量指标

服务质量指标是检验和衡量服务性行业服务质量优劣的尺度，是考核企业经营成果与工作效率、评价职工生产业绩的主要依据。公共交通服务质量指标是公共交通企业在一定的物质条件下，为乘客提供服务的质量目标，是公共交通服务质量管理的主要内容。公共交通服务质量指标，能够直接地反映出公共交通运营服务生产全过程的质量状况，同时也直接体现公共交通企业的管理水平。一般情况下，服务指标的确定以服务专业管理范围为界限，以专业管理的对象为内容，以服务标准和规范为主要管理依据。因此，服务质量指标具有专业性、权威性和科学性三个特点。

1. 专业性

服务质量指标的专业性是指指标的确定首先要符合服务专业管理的特点，主要对车辆、站台、服务窗口相关的人和事进行管理，各项服务质量指标的确定必须要体现出这一特性。如车厢服务合格率、驾驶员安全操作合格率等。

2. 权威性

服务质量指标是公共交通企业进行服务质量管理的重要依据，指标一经确定，就不能随意更改，相关人员必须严格遵照执行。相关单位要通过组织、行政、经济等手段确保各项指标的完成。

3. 科学性

服务质量指标的科学性是指指标的确定必须符合服务管理的客观实际，确定之前要进行认真的调查和研究，指标的内容要完善、细致、科学、合理，避免出现失误和漏洞。量化指标的确定要与本单位的实际情况和服务水平相适应，差距太大或超越了物质条件和人员素质条件，都会使服务指标形同虚设，使管理失控。

三、公共交通服务质量管理的具体内容

公共交通服务质量管理主要通过考核和衡量公共交通服务质量指标的完成情况来实现，公共交通服务质量指标可分为服务综合质量指标和服务专业质量指标。

服务综合质量指标主要包括安全行车质量指标、车辆维护指标、车辆整洁质量指标、规范服务质量指标和运营调度质量指标。

服务专业质量指标根据其管理的范围，可分为服务管理统计指标和服务管理考核指标。

1. 服务管理统计指标

服务管理统计指标是衡量专业基础管理工作质量状况的统计指标。由于服务工作大量的管理是针对人和事进行的，所以提高服务人员的素质，以规范化的管理促进规范化的服务是服务管理的主要特点。

（1）职工培训率。职工培训率是为考察服务专业培训机构（部门）对本单位上岗职工进行必需的岗前和岗中培训情况设定的。为了提高职工的服务质量和工作技能，必须对公共交通职工进行职业道德、服务意识、服务规范、业务技能等多方面的培训教育，要求职工培训率要达到100%。其公式为：

$$\text{职工培训率} = \frac{\text{实际参加培训的人数}}{\text{应参加培训的人数}} \times 100\%$$

（2）规范知晓率。规范知晓率是指职工培训结束后，为了检验实际效果而制订的。其公式为：

$$\text{规范知晓率} = \frac{\text{规范考核合格的人数}}{\text{参加规范考核的人数}} \times 100\%$$

（3）规范执行率。规范执行率是为了检验上岗服务人员执行服务规范的情况而设定的。其公式为：

$$\text{规范执行率} = \frac{\text{上岗人数执行规范项次}}{\text{检查服务规范总项次}} \times 100\%$$

（4）乘客满意率。乘客满意率是考核乘客对公共交通提供服务的满意程度而设定的，是评价公共交通综合服务质量的统计指标。其公式为：

$$\text{乘客满意率} = \frac{\text{被调查乘客满意人数}}{\text{被调查乘客总人数}} \times 100\%$$

2. 服务管理考核指标

服务管理考核指标是检验为社会提供服务“产品”的质量指标。

(1) 车厢服务合格率。车厢服务合格率是为了检验驾乘人员的车厢服务质量而设定的指标。其公式为:

$$车厢服务合格率 = \frac{检查车厢服务合格车数}{检查总车数} \times 100\%$$

(2) 车辆整洁合格率。车辆整洁合格率主要是检验车辆卫生状况是否达标。其公式为:

$$车辆整洁合格率 = \frac{检查车辆卫生合格车数}{检查总车数} \times 100\%$$

(3) 乘客投诉处结率。乘客投诉处结率主要是为考核落实处理乘客投诉而设定的指标。其公式为:

$$乘客投诉处结率 = \frac{实际落实处理乘客投诉件数}{受理乘客投诉总件数} \times 100\%$$

(4) 乘客投诉总量的考核。乘客投诉总量是服务质量考核的重要指标之一，考核的方法一般按照月或年度考核。考核标准为线路月客运量每千人次的乘客投诉事件数，或者每百万人次的乘客投诉事件数。这方面的内容将在后续章节中具体讨论。

四、公共交通服务质量管理的监控体系

服务质量监控管理是服务质量管理的主要手段之一，服务质量监控管理的核心是，企业通过内部一定的组织形式，对服务质量信息进行收集、整理、归纳、分析、处理、反馈的管理。

公共交通企业的性质和特点决定了公共交通服务方式的多样性，伴随着各种运营活动，公共交通企业每时每刻都会有大

量的服务质量信息产生，反映着公共交通运营服务过程的质量状况。作为服务质量管理部门，应在第一时间及时捕捉到这些信息，经过汇总整理后，通过传输和反馈，使之成为服务质量管理的可靠依据。没有质量监控，就无法掌握公共交通服务的质量状况，不了解质量状况，就会导致质量管理的盲目性。因此说，服务质量监控的重要作用在于为服务质量管理提供依据，把握方向。不仅如此，由于服务质量信息主要来自公共交通的服务现场（车厢、站台等），我们在了解服务质量的同时，也可以同时了解乘客对公共交通服务的需求情况，以此来调整公共交通的服务结构和服务方式，改进服务管理。加强公共交通服务质量管理的监控体系，可以为公共交通企业的生存和发展奠定基础，这对于占领客运市场、堵塞管理漏洞、促进企业经济和社会效益的提高，都会起到积极的促进作用。

服务质量的监控方法有以下几种：

1. 专职稽查队伍监控

公共交通企业要想把住服务质量关，必须组建一支专职负责检查服务质量的稽查队伍，按照规定的检查内容和标准，开展稽查活动。这是目前公共交通企业实施服务质量监控的基础方法，也是公共交通服务质量实施内部监控的主要途径。检查的形式有以下几种：

（1）定期或不定期检查。定期检查可以按周、月为周期，具有一定的规律性，便于对比同期质量状况，作为服务质量考核的依据。不定期的检查，灵活性、随机性比较强，可以捕捉到更加真实的质量信息，充分发挥质量监控的作用。

（2）全天候或固定时段检查。一般来说，专职稽查队伍的检查工作，大部分是固定时段的。这样，在相同的时段内对不同的线路进行检查，可比性强。另外，受工作量所限，检查人员一般分组进行检查。检查人员在检查时，尽量避开早、晚高峰时间，选择最佳时段检查。当然，为了质量监控的特殊需要，可以根据情况组织专职人员对个别线路进行全天候检查。

（3）单项或综合检查。组织专职稽查队进行检查，常规性的多以综合检查为主，即在一次检查活动中考核多项内容。例如在检查车厢服务时同时检查车辆清洁情况、车容站容情况和查验车票情况，这样可以提高检查效率，扩大检查面。也可以根据需要，按车厢、站台或其他项目进行单项检查，突出重点。

（4）明查、暗查、抽查和普查。明查是在事先通知被检查线路的情况下进行检查，目的是为了强化本阶段工作的落实情况，或者是为了某一时期有特殊任务时起到督促和保证作用。暗查是指在不通知被检查线路的情况下进行检查，目的在于发现重点问题，了解真实的质量状况和服务水平。抽查是针对普查而言的，一般是上级单位常用的检查方式。由于公共交通线路点多、线多、覆盖面广，很难实现普查，所以一定时期内，采取抽查的方式，增加检查频率，提高检查的质量和效率，尽量加大检查的覆盖面，可以弥补检查中的不足。

2. 专业管理人员监控

专业管理人员监控，主要指各层次的专业管理人员深入服务现场进行的检查活动。与专职稽查队伍监控不同的是，专业管理人员检查的目的除考核外，还要针对检查情况制定整改措施。一般情况下，公共交通企业主要实行分级管理（总公司、运营公司、车队），每个级别按照规定比例进行检查。

车队作为公共交通企业的最基层组织，是运营服务的实施组织者。车队管理人员的主要任务和职责就是对服务现场（车厢）和服务人员的服务质量进行监控。

车队服务管理人员每天都要利用一切机会深入线路、车厢、站台检查服务人员的工作质量，了解线路运行情况，掌握服务质量信息的第一手资料，针对发现的问题制定整改措施。一般来说，车队服务管理人员每月对本单位所属线路的检查，覆盖率要达到100%。运营公司服务管理人员每月对本公司所属线路的检查，覆盖率要达到60%以上。总公司（集团）服务管理人员每月对本公司所属线路的检查，覆盖率要达到30%以上。

3. 公共交通智能化监控

公共交通智能化监控运用GPS（全球卫星定位系统）和车辆自动监控系统等新技术对公共交通车辆运行服务质量进行的适时监控。

公共交通智能化监控运用现代化的科技手段，对公共交通服务质量进行适时监控。这是公共交通企业现代化管理的手段之一，检查人员足不出户就可以在指挥中心或监控中心对每一辆正在运行的车辆进行监控。目前，依靠智能化监控手段进行服务管理已被许多大中城市广泛应用。这种方式灵活、方便、快捷、高效，降低了企业的管理成本，除了对线路运行服务质量进行监控检查以外，还可以对发现的问题进行录像存储，便于以后考核查证。尤其是在乘客投诉处理方面，智能化监控手段发挥了重要的作用，促进了服务质量和企业工作效率的提高。

上述服务质量监控的方法，是目前各地公共交通企业对服务质量监控的基本手段，其实质是企业内部自我评价、自我控制的质量监控体系。要充分发挥质量监控的作用，还必须有一整套质量监控的流程。其内容是“确定监控重点→拟定监控方案→执行监控方案→分析监控信息”四个步骤的循环，每一次循环都会对服务质量的提高起到促进和推动作用。

五、公共交通服务质量管理的监督体系

服务质量监督管理，其内涵是对乘客的意见、建议以及公共交通服务质量评价信息的管理。服务质量监督管理是公共交通企业服务质量管理的外部形式，是企业利用外界社会力量对服务质量进行的管理。因此，加强服务质量社会监督，认真听取社会各界的意见和建议，是提高公共交通服务质量的有效途径。

公共交通服务质量监督的渠道主要有以下四个方面：

1. 乘客（群众）监督

乘客监督，亦即人民群众对公共交通服务质量进行的社会监督，具有广泛、普遍等特点，是公共交通服务质量监督的主渠道。主要方式是来信、来电、来访。

2. 上级领导（机关）监督

上级领导和上级机关监督，主要包括企业内部领导（部门）和企业上级领导（部门、机关）的监督。除此之外，还包括政协委员、人大代表的监督。上级领导的监督具有针对性、指导性和权威性。

3. 新闻媒体监督

新闻媒体监督主要包括报纸、期刊、广播、电视、网络等媒体单位对公共交通服务质量的监督。新闻媒体报导具有导向性和舆论性，所以，对公共交通服务质量监督的力度较大。

4. 服务热线监督

服务热线监督是指公共交通企业专门开通的为乘客提供出行服务和受理业务处理的电话专线。服务热线是乘客监督的扩展和补充，主要受理乘客咨询、建议、投诉、求助、租车等业务。服务热线进一步拓宽了社会监督的渠道，拉近了公共交通企业与乘客之间的距离。公共交通服务热线工作流程如图2-1所示。

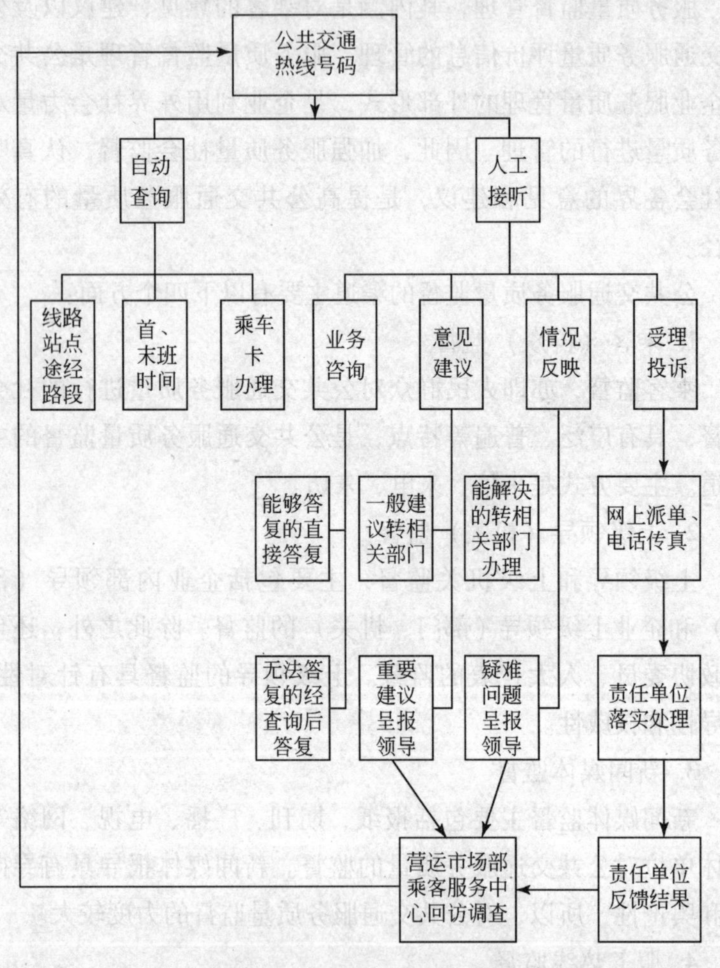

图2-1 公共交通服务热线工作流程图

服务质量监控与服务质量监督是相辅相成的，它们既有共同点，又有不同点，其作用主要表现为以下几方面。

1. 评价服务质量

公共交通服务质量好不好，不是单纯靠企业内部的检查和考核能够确定的，最重要的是看乘客对其评价如何，只有乘客认可和接受，才能称得上是质量过硬。当公共交通的服务质量能够满足乘客的物质需求和精神需要时，乘客的表扬就会增多，批评、投诉就会减少；反之，批评、投诉就会增多，表扬就会减少。因此，服务质量监督的重要作用就在于乘客对服务质量客观、公平、公正的评价，促使公共交通企业提高服务质量。

2. 反映服务需求

乘客对公共交通服务的需求，可以通过服务质量的监督直接反映出来。公共交通线路的开辟、调整、延长、设站等业务，都是以乘客在服务质量监督过程中呼声最高、反映最集中、需求最迫切的信息为依据的。同样，在车厢内设置便民设施，为老、弱、病、残、孕等乘客提供优质服务，也是根据乘客在质量监督过程中的不同反映逐步改进、提高和完善的。乘客的表扬是对服务的认可，乘客的批评和意见则从另一方面反映了乘客的需求，也是公共交通企业研究服务对策、进行服务质量管理的依据。

3. 优化外部环境

公共交通是为乘客服务的，没有乘客，公共交通的服务也就失去了意义。公共交通企业和乘客之间属于服务与被服务的关系，两者相互依赖、相互作用。公共交通企业和乘客双方都会对服务质量的优劣产生作用和反作用。公共交通企业为乘客服务，是服务的主体，是矛盾的主要方面，也是对公共交通服务质量产生作用的主要方面，但是接受服务的乘客也并不是完全被动的，乘客的乘车行为也会反作用于服务质量。公共交通服务人员在为乘客提供服务的过程中，乘客也会积极配合，如排队候车、有序上下车、自觉接受查验车票等。因此，社会监督从某方面说也是公共交通企业与乘客沟通的桥梁，增进了与乘客之间的了解和理解，使社会环境得到优化，从而也会促进公共交通服务质量的提高。

第二节 城市公共交通服务基础管理工作

一、驾驶员管理

公共交通驾驶员是运行一线直接面对乘客的服务人员，加强对驾驶员的管理，是提高服务质量的决定性因素，也是服务管理的重要内容。

（一）公共交通驾驶员的地位和作用

驾驶员是公共交通企业的主体服务人员，作为企业社会效益和经济效益的直接体现者，驾驶员在城市公共交通企业中有着十分显著的地位，在为广大乘客服务方面发挥了重要的作用。

1. 桥梁和纽带作用

驾驶员在运营服务中直接与乘客接触，驾驶员通过热情周到的车厢服务来落实企业的服务规范，传播社会主义精神文明，并将乘客的建议和意见反馈给企业的管理者，把企业、乘客与政府联系在一起，起着非常重要的桥梁和纽带作用。

2. 宣传引导作用

城市公共交通是精神文明建设的窗口，驾驶员通过服务，用自己的语言和行为宣传精神文明，感染每一位乘客，引导乘客文明乘车，共同创造一个舒适、和谐的乘车环境。

3. 向导和疏导作用

公交车厢是一个小社会，乘客来自四面八方，有着各自的出行目的。驾驶员通过热情服务，耐心解答询问，帮助乘客顺利到达目的地，发挥着向导作用。在运行中，驾驶员还要及时疏导乘客，引导乘客有序登乘，在维护乘车秩序方面起着主导作用。

4. 服务和维护作用

驾驶员的主要工作职责就是为乘客服务。他们通过安全驾驶车辆，规范开关车门、监督投币、查验车票、解答咨询、照顾好特殊乘客等形式，向乘客提供服务。确保乘客的乘车安全，维护良好的乘车秩序。

（二）公共交通驾驶员服务素质的培养

公共交通企业实施服务质量管理，首要的就是从服务意识、职业规范、业务技能和服务态度四个方面提升驾驶员队伍的素质。

1. 服务意识

服务意识是指企业员工在与一切相关的人或企业的交往中所体现出的为其提供热情、周到服务的欲望和意识，即自觉主动做好服务工作的一种观念和愿望，它发自服务人员的内心。公共交通驾驶员服务意识是做好优质服务工作的基础，直接决定着公共交通企业服务质量和服务水平。只有充分认识到驾驶员岗位对社会发展的作用及具体贡献，才可以激发驾驶员热爱公共交通、服务乘客的自觉意识，从而形成高度的责任感和事业心。

2. 职业规范

职业规范包括职业道德、职业纪律、行业规范、服务规范。驾驶员服务的方式基本是单车作业，流动分散，因此，良好的职业规范和自律精神就显得尤为重要。驾驶员在运行中要认真执行服务规范，努力为乘客提供优质服务，并自觉地用职业纪律来约束自己的行为，在维护企业良好形象的同时，凸显自身的社会价值。

3. 业务技能

业务技能是驾驶员运用业务技术的能力，是提供优质服务的基础。驾驶员的业务技能主要包括熟练驾驶车辆和操作车载设备与服务设施的技能，熟练掌握服务流程和服务规范的能力，熟悉城市地理、社会风情和交通环境的能力，具备必要的法律常识，具备良好的人际沟通能力和处理突发事件的能力。企业应定期组织驾驶员进行业务培训、岗位练兵或技能比赛活动，以提高驾驶员的服务技能。

4. 服务态度

服务态度是指服务者对服务对象即乘客的心理倾向。公共交通驾驶员在服务过程中的态度，是驾驶员对本职工作、对乘客由情感而生成的语言、动作的外在形象表现，带有浓厚的职业色彩。驾驶员服务态度的好坏，直接影响着服务质量和企业形象。因此，驾驶员在服务中要做到主动热情、文明礼貌、细致周到，对待乘客要一视同仁。

（三）工作质量的考评与管理

对驾驶员的工作质量进行管理与考评是服务管理的一项重要内容。管理人员定期对驾驶员进行思想教育、业务培训，可以提高驾驶员的服务意识和业务技能。通过考评工作质量，又可以激发他们的服务热情，落实企业的服务目标，为改进服务管理、提高服务质量提供保证。驾驶员的考评与管理主要包括以下几个环节。

1. 制订考核标准

乘客满意是考评驾驶员工作质量的最终标准。为了保证公共交通的运营服务质量，公共交通企业要围绕最终标准制订完整、系统的规章制度和服务质量考核标准。标准要符合实际、科学量化。驾驶员的服务执行标准主要包括《驾驶员单程服务操作规程》、《服务规范》、《车辆卫生检查评分标准》、《车厢服务检查评分标准》、《运营纪律》、《票务制度》、《驾驶员行车作业操作规程》等。

2. 确定考核方法

对驾驶员工作质量的考核方法应做到公平、公开、公正，实事求是。目前，公共交通企业采用的考核方法主要有三种。一是通过统计指标来检验生产任务的完成情况，如行驶里程、票收、班次等。二是由专职检查人员或专业管理人员定期到工作现场，也就是车厢，根据制订的服务质量考核标准，检验驾驶员的服务工作质量是否合格。三是接受乘客监督，通过乘客的表扬、投诉结果鉴定驾驶员的工作质量。

3. 评定工作质量

对驾驶员的工作质量要定期进行考核评定，一般分为月考核和年度考核。月考核的结果可与当月的绩效工资挂钩，年度考核主要为评选先进和年终奖励等提供依据。通过对服务工作质量的评定，既可以发现先进典型人物进行重点培养或宣传；又可以总结发现先进作业法和好的工作经验，予以推广；还能发现工作中的薄弱环节，及时予以纠正。

二、车辆卫生管理

公交车辆的卫生管理是公共交通服务质量管理的一项重要内容之一。公共交通运营车辆的整洁程度不仅直接反映了驾乘人员的工作责任心，而且反映了企业的整体服务水平和管理水平，另外还展现着一个城市的整体环境和精神面貌。车辆卫生管理主要包括以下内容。

1. 制订车辆卫生管理制度

为了给乘客提供一个整洁、舒适的乘车条件，公共交通驾乘人员必须每天坚持做好车辆保洁工作，保证公交车辆处于清洁舒适状态。这就要求建立严格的车辆保洁制度，并通过制度的实施落实，使保持车辆卫生成为驾乘人员良好的职业习惯。

在制订车辆卫生管理制度时，首先应该明确车辆卫生的标准。标准的主要内容应当包括运营车辆的各个主要部位应达到的洁净程度或标准。车辆的清洁部位主要包括车身、地板、玻璃、车厢内壁、车轮、踏板、座椅、车辆设施、驾驶室、天窗等。在考核分值的划定上，应按照车辆部位的主次程度分别划定。一般情况下，车辆卫生应做到一日一清洁，一趟一清扫，始发车内无杂物。

车辆卫生管理制度还应该明确责任，车辆卫生清洁的第一责任人是驾驶员和乘务员。

车辆卫生管理制度还必须明确规定奖惩内容。奖惩应当按照以责论处的原则，对表现较好的人员要给予表扬奖励，对不履行职责的人员要及时批评，限期改正。并按考核结果给予奖罚。

2. 加强检查和考核

加强检查和考核是保证车辆卫生清洁的重要手段。检查分为定期和不定期两种。定期检查主要以基层单位为主，专职管理人员每天要对本单位的所属车辆进行督促、检查，检查的覆盖率要达到100%。不定期抽查主要以中高层管理人员为主，抽查的标准和单位覆盖率应统一，覆盖率一般为30%～60%。抽查不宜固定时间，以充分发挥检查的效能，促进车辆卫生清洁的制度化、经常化。

3. 适时组织突击

车辆卫生清洁的突击工作，一般在节假日和重大活动前夕或雨雪天气后进行，特别是雨雪天气后组织突击的效果更为突出。在这种情况下，清洁工作任务较重，仅靠本车驾乘人员无法完成清洁任务，车队的管理人员、保洁人员以及非运营人员都要参与，以保证在最短的时间达到较好的效果。

4. 适当组织竞赛

为了激发广大员工搞好车辆卫生的积极性，使车辆的卫生清洁工作保持常态化，企业或基层单位也可以适当组织一些竞赛活动，以调动相关人员的工作热情。活动的形式多种多样，可采取流动红旗、优胜车组、交流观摩、示范展示等方式，推动车辆卫生清洁管理工作的开展和规范。

三、服务设施及标志的管理

城市公共交通服务设施和服务标志都是满足乘客乘车需求必不可少的物质条件，是公共交通服务“硬件”的一部分。服务设施和服务标志的完善、齐全与否，与公共交通服务质量密切相关。因此，服务设施标志的管理，也是服务质量管理的重要内容之一。

(一) 服务设施及标志的基本含义

广义的公共交通服务设施主要是指城市公共交通线路在运营服务活动中所使用的各种机械设备、电子设备和土木建筑的总称，这些都统称为公共交通服务的“硬件”。根据不同用途划分，共分为三类：

1. 运载设施

即运载交通工具，主要有公共汽（电）车、地铁、轻轨等，这些设施以直接实现乘客位移为目的，统称为一线设施。

2. 候乘设施

即供乘客候乘的设施，主要有候车亭（棚、廊）、站台等，也叫二线设施。

3. 辅助设施

主要包括线路首末站的调度室、工作人员休息室、办公室、修理间、餐厅等房屋建筑。其功能主要是供公共交通职工使用，为运营工作提供指挥管理和后勤保障服务，也叫做三线设施。

狭义的公共交通服务设施则是指公共汽（电）车的车辆上和站台配备的设施，主要是指直接为乘客提供服务的设施和各种设备。对于服务专业来讲，服务设施则特指公交车辆和站台上安装、使用的标志和设施。

公共交通服务标志是为便于乘客识别公共交通线路、车站、车辆和服务人员而设置的，一般由数字、字母或图形组成，还有一些是专门用于提示乘客安全乘车、文明乘车的专用标记。服务标志在设计时首先要考虑便于乘客识别和记忆，同时又能体现出本区域公共交通企业特有的文化。

(二) 服务设施及标志的分类

服务设施、标志与公共交通服务质量有着密切的关系，管理人员和一线服务人员必须全面了解和掌握服务设施和标志的分类、作用。

1. 服务设施的分类

服务设施按其功能和作用可分为客运车辆设施和站台设施两种。

1）客运车辆设施

客运车辆是城市公共交通中地面运载工具的统称，主要包括运营在市、郊区线路的汽车、电车、出租车、旅游专线车、包车、班车等。凡是在客运车辆上安装配备的满足乘客乘车安全和需求的各种设备，我们统称为车辆设施。根据车辆设施的各种性能可将其分为三类。

(1) 功能性设施。车辆的功能性设施是指作为载客车辆不可缺少的，必须具备的基本设施，主要包括车门、踏板、车窗玻璃、座椅、灯光、报站器、投币箱、收费机等。这些设施的设计、安装、配备应当遵循方便、美观、坚固、舒适、实用的原则，并严格执行国家相关部委颁发的技术标准。下面简要介绍几种设施。

①车门。车门是乘客上下车的出入口，车门技术性能的好坏与乘客的人身安全息息相关。车门开关灵活，不仅可以方便乘客上下车，还可以提高运营效率，避免夹摔乘客。驾乘人员在运行中应密切关注车门开启情况，并及时提示乘客注意车门的开关，做到停稳车开门，关好门走车。

②踏板。踏板是公交车车门处供乘客上下车用的台阶。一般客运车辆的踏板有两级或三级。踏板过高或过低，都会使乘客在上下车时感到不便。尤其是在冬季雨雪天后，应及时采取防滑措施，保证乘客乘车安全。

③电脑报站器。电脑报站器是综合利用语音合成技术和计算机技术研制而成的。它既可以自动报站，又可以使用人工话筒进行宣传和疏导。驾乘人员可根据上行、下行、报站、预报、转弯等不同的需要切换数字功能键实现自动报站或人工提醒。在此之前，老式的报站器需要驾驶员或乘务员在每个站点人工进行操作，遇到客流高峰或特殊情况时，往往操作不及时给乘客造成误导。电脑自动报站器则具有灵活方便、语言规范、性能可靠等优点，还可以储存大量的服务宣传用语，深受服务人员和乘客的好评。目前，已被我国许多城市的公共交通企业所应用。这种新型的报站器大大减轻了工作人员的劳动强度，更重要的是可以为乘客提供更加标准化、规范化的服务，促进了服务质量的提高。

（2）舒适性设施。公交车辆的舒适性设施，是指在车厢内安装的能够增强乘客舒适感的各种设备。主要包括车厢空调设备、车载电视、音响视听设备等。

①车厢空调设备。车厢空调设备是车厢内温度、湿度及通风调节设备的总称。随着我国经济的持续发展和人民生活水平的不断提高，许多城市的公交车已装备空调设备。这些装备的安装，在满足乘客乘车需求的同时，使公共交通职工的工作条件也得到了改善。

②车载电视。目前，许多城市的公交车上安装了车载电视。乘客在乘车时，除获取乘车信息、乘车知识外，还可以收看新闻、听赏音乐。这也是公共交通企业提高服务质量、创造良好乘车环境的措施之一。需要注意的是，由于公共交通车辆是公共场所，驾驶员在开启车载电视时要注意保持音量适中，声音不得大于报站器的音量，以免影响乘客乘车。在选择播放内容时，企业要进行严格审核，避免传播不文明、不健康的内容。

（3）安全性设施。安全性服务设施主要指公交车辆上安装配备的保证乘客安全的各种器材和设备。如灭火器、逃生锤、安全扶手等。

①灭火器。灭火器属于消防器材。在公交车辆上配备灭火器材，可有效控制或减少发生火灾、爆炸事件时给国家财产和人民生命财产造成的损失。因此，客运车辆必须配备有效的灭火器材以备紧急情况发生时使用。灭火器材要定期进行维护保养，放置位置应醒目，并便于危急时使用。

②逃生锤。按照《中华人民共和国消防法》有关规定，公共交通工具内都应配备必要的逃生设备，逃生锤就是其中的一种。逃生锤一般镶在车窗玻璃旁边，一旦发生紧急事件，可使

用“逃生锤”将车窗玻璃敲破逃生。

③安全扶手。安全扶手是公交车辆中不可缺少的安全性服务设施。由于公共交通的客流量很大，车上座位有限，有时部分乘客在乘车时是站立的。如果没有安全扶手，车辆在运行转弯或紧急制动时，乘客会站立不稳，容易引起车内摔伤事故。所以，在公共汽（电）车的车厢通道两侧、车门等处都要安装扶手杆，在椅背等处也要设计可供抓稳的扶手，这对于保证乘客的乘车安全是非常必要的。

公共交通企业要保证扶手的安全与牢固，并定期检查和维护，使其安全性能始终保持良好状态。

2）站台设施

站台是供乘客候车、上下车的平台，有首末站和中途站之分，也是公共交通服务设施的重要组成部分。站台主要有以下常见设施。

（1）候车棚（亭）。候车棚（亭）是在公共交通站台上设置的方便乘客候车的服务设施，主要作用是供乘客候车时遮阳、避雨。条件较好的候车棚（亭）不仅设计美观，还为候车乘客提供座椅，便于老年人或特殊乘客使用。

（2）线路站牌。为了给乘客提供出行方便，每个站点的相应位置都安装了线路站点指示牌，乘客通过站牌上提供的信息可以方便查询所乘线路的方向、票价、站点及换乘点等信息。目前，随着智能化信息的应用，公共交通智能化电子站牌已逐渐替代了老式的公共交通站牌。

（3）智能化电子显示设备。智能化电子显示设备一般是指安装在公共交通站台上可以为乘客提供出行信息的智能化设备。该设备通过卫星定位系统和公共交通企业建设的标示系统，将公共交通线路的车辆运行状况显示在站台显示屏上。乘客可以第一时间了解车辆到站的时间和距离。目前，大多数的城市公共交通企业已开始装备该设备，其中在地铁、高铁、快速公交线路上应用得最为广泛。

2. 服务标志的分类

公共交通服务标志是便于乘客识别车辆、线路、车站等设施，给乘客必要的指示、提示或警示标志的总称。一般由简明、规范的文字或图形等组成。下面介绍几种常用标志。

（1）禁止标志。禁止标志是为维护公共利益和秩序，保证乘客安全，对乘客和乘务人员的某些行为进行禁止、劝阻、提示的标志。常用的禁令性标志有“严禁携带易燃易爆物品”、“严禁与驾驶员谈话”、“严禁在车厢内吸烟”、“禁止将头、手伸出窗外”、“严禁跨越公共交通专用护栏”、“禁止携带宠物乘车”、“禁止向窗外扔东西”、“乘坐公交车辆时禁止编织衣物”等。

（2）提示标志。提示标志是向乘客提示某服务设施所在位置、工作状态或服务时间的标志。常用的提示标志有“当心夹手”、“老、弱、病、残、孕专席”、“儿童乘车标高”、“请主动出示月票或乘车证件”、“线路换乘图”等。

（3）识别性标志。识别性标志主要是指在公交车上通过文字、图案或电子显示等方式，便于乘客对线路、服务人员进行了解和识别的标志。常用的识别性标志有“服务工号”、“公共交通企业标志”、“线路顶牌、腰牌和尾牌”、“线路（车组）荣誉牌”等。

（4）规定性标志。规定性标志是指在车厢内张贴悬挂的各类乘车规定。常用的规定性标志有“乘车须知”、“电子月票使用办法”、“乘客文明守则”等。

（三）服务设施标志管理的责任部门

服务设施标志与公共交通的服务质量密切相关，涉及技术、行政、运营、服务、安全等多个专业和部门。技术、保修管理部门主要负责公交车辆的维修与维护，并严格按照用车需求和国家规定的技术标准，对车辆的技术性能进行检查验收，确保车辆设施齐全、完好。运营管理部门主要负责对公共汽（电）车的站牌、路牌以及其他线路标志进行管理。遇有道路施工、大型活动或其他特殊变化时，要及时张贴和公示线路调整后的内容。服务管理部门主要负责识别性标志和规定性标志的管理，除了要做好服务人员服务工号的办理外，还要定期对车辆内的规定性标志进行检查，发现问题及时督促相关单位维修、更换。

四、站台秩序管理

公共汽（电）车的站台是乘客与公共交通的重要接触点，也是公共交通企业为乘客提供直接乘行服务的开始。因此，站台秩序管理是服务管理的重要内容之一。

（一）站台秩序管理的原则

公共汽（电）车的站点遍布于城市的各个角落，数量多、分布广。公共交通站点的秩序、面貌和设施，不仅是公共交通企业关心的问题，也是乘客和政府关注的问题。目前，我国大部分城市市民出行还是比较依赖公共交通，所以客流量一直保持在较高水平。公共交通"点多面广"的特点，加大了公共交通服务站点管理的难度。在站台秩序的管理方面，应实事求是，遵循"人民大众优先"、"人民公交人民办"的原则，采取不同的管理方法来实现。

（二）站台秩序管理的分类

根据线路运行特点和客流的需要，公共交通线路的站台可以分为两类。

1. 首末站站台

首末站的站台由于客流较为集中，一般都会设在商业区、居民住宅小区、旅游景点等位置。首末站要配建必要的停车场、候车设施以及排队候车的栏杆等。

2. 中途站站台

中途站的站台要根据客流的大小，配备相应的候车设施。如座椅、遮雨遮阳棚等。快速公交线路站台除要具备一般公共交通站台的动能并设置专用的封闭式站台外，还要设置必要的智能化运行服务系统，公共交通企业还应根据站台的特点和需要设置服务人员来维护站台的秩序。一般情况下，早、晚高峰时应在首末站的站点设置专人维护秩序，还要配备专职人员进行服务。如遇大型活动、线路调整、道路施工等特需情况时，企业可临时组织管理人员或其他人员上站维护秩序。

（三）站台秩序管理的内容

（1）定期对专职站台服务人员进行业务技能和职业道德培训。

（2）对专职站台服务人员的工作质量进行绩效考核。

（3）定期对站台、站牌等设施进行检查和维护。

（4）定期了解站台客流变化情况，及时调整运力。

（四）站台服务人员的职责与检查标准

站台服务人员的基本职责是督促乘客排队，有序上车，确保乘客上、下车安全和车辆进出站安全，维护好站台候车、乘车秩序。

站台服务人员的具体职责是：

（1）引导乘客有秩序地排队上、下车，协助驾驶员关闭车门。

（2）车辆进站时提醒乘客注意安全，照顾老、弱、病、残、孕等特需乘客安全上、下车。

（3）保持好站台的环境卫生，认真检查站台服务设施，耐心解答乘客咨询。

站台秩序检查的标准是：乘车有秩序、不拥挤、不混乱，不发生交通事故和乘车纠纷。

站台服务人员的工作标准是：按时上岗、佩戴标志、服务规范、照顾重点、秩序井然、站台安全、环境卫生、验票认真、问题处理得当。

五、公共交通服务台账的管理

任何管理活动都需要对管理资料进行收集、整理和统计，城市公共交通服务管理亦如此。公共交通服务管理过程的台账主要是对各类服务相关规章制度、原始档案、统计报表等内容的管理。为了保证考核的公平、公正，各级服务管理人员都要认真、细致、严谨地做好各项数据的统计和整理工作，防止出现差错。因此，服务管理台账应有严格的管理制度和要求。

（一）服务台账管理的原则

1. 集中统一

由于服务管理的资料较多，法规性和专业性很强，因此在服务专业管理部门内应设专人管理和负责，建立必要的规章制度，制定各类服务管理台账的管理标准。

2. 及时迅速

在服务管理活动中，由于每月都要进行大量的检查活动，并实施考核，所以要及时对各类资料和数据进行归档和整理，不得滞留和积压，以免造成资料漏存、丢失。

3. 精简实效

有关人员要定期对各类台账进行整理、归纳，并做好标记，做到少而精，方便实用。

4. 准确可靠

服务资料的管理是一项十分严肃的工作，管理人员必须认真负责，保证各个工作环节有条不紊，统计数据真实、可靠、准确。

5. 完整连续

服务资料的使用价值取决于其完整性和连续性，在日常的服务管理中，服务管理员要注意收集和保存完整的原始资料和文件数据，并保证每项管理活动按照日期、时间存档，使管理材料不间断。

(二) 服务台账的分类与管理

服务台账根据基础管理的内容可分为基础台账、管理文档和统计报表三大类。

1. 基础台账的管理

基础台账主要是指原始资料记录，是服务管理活动的第一手资料和最初的记载。主要包括各种服务检查表，以及会议、培训等内容的记录。如驾驶员专业会会议记录、车厢服务检查记录、车辆卫生检查记录、乘客投诉登记、乘客来访登记、驾驶员考勤记录等。

基础台账要求记录真实、准确、规范、统一、及时。要详细记录时间、地点、人员、事件内容和结果，各项原始检查表格要求格式统一、标准统一、装订统一，并按规定分类保存。各种原始资料最少要保留 1 ~ 2 年，有价值的应保留三年以上。

2. 管理文档的管理

管理文档主要是指与服务管理活动相关的各类文件资料。主要包括工作计划、工作方案、工作总结、通知、通报、请示、管理规定、管理细则、规章制度、工作措施等。

管理文档的处理是一项政策性很强的业务工作，也是一项具体、细致的机要工作。尤其是服务管理部门制定的规章制度、管理规定、实施细则，必须要妥善保管，并注明发放范围。

管理文档应分别按照类别或年限建档存档，便于查找使用。文档资料可按以下类别分类管理：计划和方案类、制度类、标准类、请示批示类、报告类、会议记录类、总结类、领导讲话指示类及其他临时性资料。

3. 统计报表的管理

统计报表主要是指在检查、考核过程中对各类指标和情况的数据进行统计、汇总、制表、上报形成的各类报表资料，这是服务基础管理工作的重要内容之一。统计报表主要包括车厢服务合格率统计表、车辆卫生合格率统计表、乘客投诉汇总表、服务考核上报表、乘客满意度汇总表、乘客建议汇总表等。

公共交通企业服务管理部门应对各类统计报表的格式、名称、内容、计算方法、上报流程和上报时限做出具体的规定。报表的种类和内容要避免繁琐、重复、矛盾现象的发生。基层单位要按照规定的统计要求和时间，逐级呈送报表。呈送要做到时间准时、字迹清楚、计算准确、内容齐全，不得漏项、虚报和瞒报。必要时可用文字对报表相关内容进行解释和注释。

第三章 城市公共交通职业道德与服务规范

第一节 城市公共交通职业道德

一、职业道德的含义

职业道德是指人们在职业生活中应遵循的基本道德，是一般社会道德在职业生活中的具体体现，即整个社会对从业人员的职业观念、职业态度、职业技能、职业纪律和职业作风等方面的行为标准和要求，是职业品德、职业纪律、专业胜任能力及职业责任等的总称，属于自律范围，它通过公约、守则等对职业生活中的某些方面加以规范。职业道德既是本行业人员在职业活动中的行为规范，又是行业对社会所负的道德责任和义务。

作为社会道德建设的一个组成部分，职业道德是完善社会道德体系的重要方面，是先进文化的重要内容，也是全面加快我国改革开放和现代化建设步伐，建设小康社会、构建和谐社会的重要前提。

职业道德具有以下具体含义：

(1) 职业道德的内容反映了鲜明的职业要求。职业道德总是要鲜明地表达职业义务、职业责任以及职业行为的道德准则。

（2）职业道德的表现形式往往比较具体、灵活、多样。它总是从本职业的交流活动的实际出发，采用制度、守则、公约、承诺、誓言、条例，甚至标语口号之类的形式表现，这些形式既易于被从业人员接受，又易于形成一种职业道德习惯。

（3）职业道德既调节从业人员内部关系，又调节从业人员与其服务对象之间的关系。

（4）职业道德既能使一定的社会或阶级的道德原则和规范“职业化”，又能使个人道德品质“成熟化”。

二、社会主义职业道德的规范体系

全社会共同的职业道德规范与职业道德的核心规范的形成，使得社会主义职业道德有了相对独立的道德体系。其主体部分包括三个层次：

（1）最高层次是社会主义职业道德的核心——为人民服务。

（2）第二层次是各行各业都应当遵守的五项基本规范。

（3）第三层次是各行各业自己的具体职业规范。

在社会主义社会，各行各业具体的职业不同、职责不同，具体的职业道德准则也不尽相同，但是不论是什么职业、什么样的具体行为准则，它的灵魂、它的根本宗旨和行为指导思想应当是相同的，这就是为人民服务。为人民服务是一种利益标准，即人民的利益高于一切，这是一切工作的出发点与归宿。为人民服务作为最高利益标准，是职业道德的核心，它是衡量每个职业行为，以及衡量每个行业、部门所制订的职业道德准则是否符合社会主义事业要求的最高标准。

社会主义职业道德基本规范的内容包括爱岗敬业、诚实守信、办事公道、服务群众、奉献社会。这是所有从事职业活动的人们必须遵守的基本职业行为准则。

1. 爱岗敬业

爱岗就是热爱自己的工作岗位，热爱自己从事的职业；敬业就是以恭敬、严肃、负责、一丝不苟、兢兢业业、专心致志的态度对待工作。这是社会主义市场经济条件下实现职业利益的必然要求。它要求从业人员对所从事的职业有强烈的责任感、荣誉感，要求每个从业人员在各自从事的职业活动中尽职尽责，努力学习，熟悉业务，掌握规律，勤奋高效地做好本职工作。努力钻研业务，做到精益求精，不仅是技术水平问题，而且也是职业道德高尚的表现。

2. 诚实守信

诚实就是为人真诚、坦率、实事求是、不口是心非、不尔虞我诈；守信就是在人际交往中恪守承诺、讲究信用、绝不食言。每个企业、每个职工都应当自觉地按照国家政策法规和社会主义道德原则，规范自己的行为，诚实待人、诚实办事，讲信誉、讲信用，做到规范有序，取信于人。质量和信誉在现代职业活动中十分重要，是企业的生命。讲究质量（既包括产品质量，也包括服务质量）是从业人员对社会和人民承担的义务和职责，每个从业人员都必须讲究质量，注重信誉，树立信誉至上的观念。

3. 办事公道

公道就是公平、正义。其含义是“给人以应得”，或恰如其分地对待人与事。所谓办事公道，就是指在各种职业活动中待人处事要公正公平、公道正派、合情合理，也可以说办事时不偏不倚、客观公正、照章办事，这是职业交往中的一项重要原则。每一个从业人员在各自的岗位上固然要办事公道，但对各行各业的领导者来说，更需要办事公道。各行各业都要根据各自职业的特点，制订具体的工作、服务规范或守则。

4. 服务群众

在社会主义社会，无论从事哪种职业都是为人民、为社会服务，各种职业、各种岗位之间都是一种“互相协作、互相服务”的关系，自己既是为别人工作和服务，别人又为自己工作和服务。因此，每个从业人员都应自觉地把人民群众的需要作为工作的出发点，把让人民群众满意作为工作的落脚点，把群众最为关心和迫切要求解决的问题作为工作的着力点，把群众意见最大的问题作为工作首先要解决的突破点。

5. 奉献社会

奉献社会就是把自己的知识、才能、智慧等，毫无保留地给予人民、社会，全心全意地为人民、社会、国家做出实实在在的贡献。奉献既是一种高尚的情操，又是一种平凡的精神；既体现着崇高的境界，也蕴涵着平凡的付出；既表现为在国家和人民需要的时刻挺身而出，也渗透在人们日常的工作和生活中。因此，在职业活动中要发扬奉献精神，在社会主义经济条件下，人们更要增强社会责任感，正确处理奉献和索取的关系，正确处理国家、集体和个人的关系，形成“我为人人，人人为我”的良好道德风尚。

三、城市公共交通职业道德的基本内容

城市公共交通职业道德是社会主义职业道德的重要组成部分，是调节公共交通企业员工之间、公共交通员工与乘客之间、公共交通企业与社会其他行业之间关系的行为准则和规范。从城市公共交通的任务和特点看，公共交通职业道德主要包括以下几点内容：

(1) 由于城市公共交通运送服务的对象是乘客，公共交通员工必须树立“乘客至上”的意识，要以满足乘客需求为出发点，以乘客满意为立足点，千方百计地维护好乘客的利益，这

是城市公共交通职业道德的核心内容。

(2) 公共交通企业不是生产性的企业，而是服务性的企业，其产品只是为乘客提供乘车服务，因此，每一名公共交通员工都要树立“服务为本”的意识，即以优质服务为核心。服务代表着企业的信誉和形象，服务关系到企业的生存和发展，因此，“安全、方便、快捷、舒适、经济”的优质服务就成为公共交通职业道德的主要内容。

(3) 城市公共交通是为乘客服务的，所有的运营生产都是围绕乘客的需求而组织的，在遇到道路拥堵、气候恶劣、客流激增等特殊情况或遇社会活动及突发事件时，公共交通员工往往要延长工作时间或放弃节假日加班加点，以保证乘客的乘车出行。另外，由于驾驶员、售票员主要在城区道路上行进的车辆上工作，因此气候条件、道路条件、城市社会环境和乘客态度等都会对他们的生理和心理产生影响，服务人员必须克服这些困难才能为乘客服好务，这就决定了公共交通员工必须具备不计个人得失、任劳任怨、艰苦奋斗等职业道德。

(4) 城市公共交通的工具是车辆，具有流动分散等特点，因此，各线路、各车组以及个人之间要相互配合协调才能保障运营服务的顺利进行。这就需要每一名公交员工具备大局意识和团结协作、遵章守纪的精神和品质。

四、公共交通员工职业道德规范

1. 热爱公共交通

热爱公共交通是“爱岗敬业”这一社会主义职业道德的基本规范在公共交通行业的具体体现，是公共交通员工最基本、最主要的职业道德规范。每一名公共交通员工都要牢固树立热爱公共交通、忠于职守的职业观念，立足本职，努力做好工作。

2. 遵章守纪

公共交通员工要把遵章守纪作为职业道德规范的一项基本内容，这是公共交通职业道德建设的必然要求。公共交通工作的特点是点多、面广、分散独立作业、流动性强，这种特点决定了公共交通员工特别是驾乘人员要具备全局观、大局观，加强遵守运营服务等纪律的自觉性。驾乘人员在服务中的一言一行、一举一动不仅是个人行为，还代表着公共交通企业，因此每一名驾乘人员在服务中都要严格执行企业运营服务相关规定，自觉维护企业的形象和信誉。

3. 团结协作

团结协作是处理职业团体内部人与人之间以及协作单位之间关系的基本道德规范。公共交通运营的特点是点多、面广、流动分散，驾乘人员之间、各车组之间只有加强团结协作和配合，才能保质保量地完成运营服务任务，更好地满足乘客的乘车需求。

4. 文明服务

公共交通员工要树立“乘客至上、服务社会”的观念，以文明礼貌的工作态度，方便周到的服务，热情接待好每一位乘客，使他们享受到公共交通的优质服务，感受到公共交通员工良好的道德风尚。

5. 进取奉献

进取奉献也是公共交通员工职业道德的基本要求之一，员工应该尽职尽责、竭尽全力地做好本职工作，积极自觉地为公共交通事业的发展作贡献，为所在城市社会经济的和谐发展尽到自己的义务。

五、加强城市公共交通职业道德建设的意义

城市公共交通职业道德是企业在长期的生产经营活动中形

成和发展起来的。由于城市公共交通是城市的动脉、社会生产的第一道工序、精神文明的窗口，因此，加强公共交通职业道德建设具有重要意义。

1. 有利于城市经济的发展和社会的稳定

城市公共交通是城市公用事业，与城市的经济建设、城市发展、国际国内交往以及市民生活息息相关。城市公共交通日复一日、年复一年运送乘客到不同地点工作、学习、生活和娱乐，这本身就是经济发展必需的基础。正是从这个意义上，我们常说，公共交通越发达，经济就越繁荣。公共交通的正常运营还是社会稳定的重要标志之一，公共交通作为窗口行业，服务质量的好坏、精神文明建设水平的高低都直接关系广大群众的切身利益，关系经济发展和社会稳定，关系城市综合服务功能的发挥。因此，加强公共交通企业职业道德教育，提升企业综合素质，有利于提高公共交通企业的信誉，促进公共交通事业的有序发展，同时有利于促进城市经济的健康发展和社会的全面进步。

2. 有利于坚持正确的经营方向，促进公共交通事业的健康发展

公共交通职业道德的核心是“乘客至上，服务为本”，而这正是公共交通企业坚持为人民服务经营方向的基础。公共交通企业只要坚持全心全意为乘客服务的宗旨，经济效益和社会效益就会不断提高，企业在市场中的竞争力就会持续加强，为企业的改革和健康有序发展奠定良好的基础。

3. 有利于职工队伍素质和运营服务质量的提高

提高运营服务质量最根本的是提高职工队伍素质。职工队伍素质由思想道德素质和科学文化素质两部分组成，起决定作用的是思想道德素质，而职业道德素质是最重要的思想道德素

质。因此，提高职工队伍职业道德素质可以促进“特别能吃苦，特别能战斗”职工队伍的形成，促进企业运营服务水平的提高。

4. 有利于精神文明的传播，促进良好社会风气形成

公共交通每个流动的车厢都是一扇传播精神文明的窗口，每一名驾乘人员都应像优秀公共交通员工李素丽、吴倩那样成为精神文明的宣传员，而这需要良好的职业道德作保证。人际关系的改善、社会风气的好转，离不开像公交车厢这样的“社会细胞”的努力，车厢是一个流动的小社会，公交车厢内的氛围融洽了，人们彼此间相处和谐了，对促进社会良好风尚的形成、全社会精神文明建设的加强就会起到积极的推动作用。如在车厢宣传照顾老、弱、病、残、孕乘客，就是提倡发扬尊老爱幼的中华民族传统美德；驾乘人员妥善解决乘客之间的纠纷，就是在倡导互谅互让的良好社会风尚。

5. 有利于公共交通员工的个人成长和进步

职业道德修养是个人进步和成长的重要条件，员工个人职业道德水平的提高是靠平时一点一滴、日积月累的磨炼积累逐步形成的。提高驾乘人员职业道德素养，不是对驾乘人员进行简单的职业培训，而是培养驾乘人员自觉循法守理的职业品质。它不仅能够活跃驾乘人员的思维，增强驾乘人员的组织纪律性，还能够培养驾乘人员公忠正义、自强自尊、明智勇毅、清正廉洁、恪尽职守、诚信守约、严己宽人、尊老爱幼等优秀品行。通过严格的职业训练，形成良好职业修养和优秀职业品德，是引导每一位公共交通员工报效社会，实现自身价值的必经之路。

六、加强城市公共交通职业道德建设的途径

加强职业道德建设、提高职工队伍素质是公共交通企业一

项长期任务，对公共交通企业的可持续发展具有战略意义。公共交通企业应结合企业自身实际，从以下五个方面加强职业道德建设。

1. 职业道德建设要从一点一滴抓起，实施全程教育

在员工职业生涯的全过程中，都要不断地对其进行职业道德教育，不断增强其职业道德意识，树立良好的职业道德观，这是加强职业道德建设、提高道德素质的一项根本性措施。

2. 加强职业道德建设要以诚信为本

所谓“诚”即诚实，“信”即信用，诚信就是不欺人，也不自欺，是在社会交往中规范人与人、人与社会之间关系的行为准则，是人们内部心理与外部行为的统一，是道德修养的一种境界，就社会个体而言，诚信是做人的基本要求，是做事的基本原则，主要通过人的品行、品德及对责任义务的履行，对契约、承诺的兑现加以表现。

3. 加强职业道德建设要从各级管理人员抓起

职业道德建设从各级管理人员抓起，这是由管理人员所处的地位和作用决定的。管理人员是公共交通企业改革发展的组织者和指挥者，他们的职业道德水平对企业和员工的职业道德建设具有重大影响，理应成为广大公共交通员工的表率。因此，各级管理人员特别是企业的高层管理人员必须加强职业道德修养，严格要求自己，时刻注意检查自己的言行，以高尚的道德情操，为公共交通员工树立好的榜样。

4. 加强职业道德建设要与纠风工作结合起来

加强职业道德建设是纠正不正之风的重要举措，整个公共交通企业的作风好了，可以促进职业道德建设，两者互相联系，互为因果。因此，必须持久地开展反腐斗争，坚持纠正不正之风，以促进职业道德建设。

5. 建立和完善激励约束机制，促进职业道德的健康发展

（1）建立职业道德激励机制，规范职业道德行为。一是要大力宣扬职业道德的先进典型，弘扬正气，树立以讲职业道德为荣、不讲职业道德为耻的良好企业风尚。二是职业道德建设要与争当先进、奖励惩处、提薪降薪、晋级晋职、解聘受聘等挂钩，形成规范的职业道德建设激励机制。

（2）建立和完善职业道德的约束机制，强化监督力度。包括职业活动中应遵循的行为规范、职业纪律、操作规程和岗位责任，违纪违规应承担的责任和所受到的处罚，实施规定的办法和执行机构等。首先要完善监控机制，要采取有效的内外监控形式，如问卷调查、明察暗访、重点部位督促、设立监督电话、信访接待、建立职业道德档案、定期检查职业道德情况等，形成层层把关、齐抓共管的监控机制。此外要建立职业道德的常态运行机制，强化员工的道德评价意识。将职业道德的自我评价与社会评价结合在一起，完善员工的道德评价体系。

第二节　城市公共交通服务规范

一、城市公共交通服务规范概述

服务规范是指服务性企业或单位对服务对象所提供服务质量的内在标准和外在表现形式，是根据服务对象的基本要求制定的，是服务质量的出发点和归宿点。

城市公共交通的服务规范是在充分的市场调查基础上，整理和归纳乘客的各种需求，为满足这种需求在服务程序、服务方法、服务语言等方面制订的具体要求，并以成文的形式确定下来。

城市公共交通企业制订服务规范可以把为乘客提供的服务

具体化、标准化、程序化，不仅便于操作和内部管理，还可以接受乘客的监督，促进公共交通服务质量的不断提高。

二、城市公共交通服务规范的内容

在城市公共交通的服务工作中，与乘客接触最密切的是驾驶员、乘务员和站台站务员，他们的服务质量直接关系到整个公共交通企业的形象，更是城市精神文明建设程度的缩影，因此本节主要介绍这三类服务人员的服务规范。

（一）驾驶员服务规范

明确驾驶员的服务规范可以提高城市公共交通行业驾驶员的安全意识和服务水平，规范驾驶员的服务行为，促进城市公共交通行业的健康有序发展。驾驶员服务规范包含了驾驶员在日常服务工作中各环节的具体要求，包括衣着、仪表、运行中的各种注意事项、各种设备的使用技巧等。目前多数城市已实行无人售票制度，因此以下规范也包括了无人售票公交车驾驶员的服务要求，具体为：

（1）上岗时悬挂服务工号，着标志服，衣着整洁，仪表大方。

（2）车容、车貌保持整洁，公交车辆卫生要做到“一日一清洁，一趟一清扫”，要做到“四净一亮”，即车身净、内壁净、地板净、座椅净、玻璃亮。

（3）按指定时间、路线、站点运营，做到均衡运行，不得前压后赶、甩站、越站。

（4）行车中，严格执行驾驶操作规程，做到起步稳、行驶稳、停车稳。

（5）车辆在运行途中因故发生故障时，要及时做好乘客的解释和换乘工作。

（6）严格执行票务制度，文明监督投币和查验乘车卡及其他乘车凭证。

(7) 按规定使用电脑报站器，若中途电脑报站器出现故障，必须做到使用普通话口头报站。

(8) 礼貌待客，语言文明，态度和蔼。使用普通话服务，要“请”字开头，“谢”字收尾。

(二) 乘务员服务规范

乘务员服务规范在提升乘务员的综合素质、创建文明线路、树立文明和谐行业形象等方面起到良好的推动作用。主要内容为：

(1) 上岗时必须悬挂服务标志，衣着整洁，仪表大方。

(2) 遵守职业道德，爱岗敬业，文明服务，礼貌待客，耐心解答乘客询问，及时帮助乘客解决乘车中遇到的疑难问题。

(3) 出车前要备足票据，检验票箱是否完好，收费机、司辅器是否能正常使用，保持车内外卫生清洁。

(4) 同驾驶员密切协作，保证乘客乘车安全，做到停稳车开门、关好门行车，杜绝车门挤伤和车内摔伤事故的发生。

(5) 认真执行票务管理规定，认真监督乘客投币，认真查验乘车卡及其他乘车凭证。

(6) 车辆在行驶中因故发生故障不能继续行驶时，要耐心做好解释工作，并协助驾驶员做好乘客换乘工作。

(7) 提醒乘客下车时带好随身物品。发现乘客遗留物品应及时上缴。

(三) 站台站务员服务规范

这里说的站台站务员主要指快速公交站台站务员。快速公交系统（以下简称 BRT）是一种介于快速轨道交通与常规公交之间的新型公共客运系统，目前已在全国多个城市建成使用。BRT 站台是快速公交系统的重要组成部分，站台的设计不仅为乘客提供了足够的候车区域，还配备了座位、遮阳遮雨棚、安全护栏、站台照明及电子乘车信息提示屏等设施。站台站务员作为 BRT 站台的服务人员，在维护站台秩序等方面发挥着重要作用，站台站务员服务规范是对其岗位职责、服务内容等方面所做的规定。主要内容为：

（1）负责乘客疏导、监督投币等站台服务工作。

（2）负责站台日常信息设备的使用、管理、检查和维护，确保设施和服务标志齐全有效，设备运行良好。

（3）负责站台及设施、设备的卫生清理工作。

（4）负责协助监督线路车辆的运营状况并将发现的问题及时上报。

（5）负责站台突发事件的应急处理。

（6）负责站台的用电安全。

（7）协助安保人员做好站台的安保工作。

第三节 城市公共交通礼仪服务

礼仪是在人际交往中，以一定的、约定俗成的程序方式来表现的律己敬人的过程，是人类为维系社会正常活动而要求人们共同遵守的最起码的道德规范，涉及穿着、交往、沟通、情商等内容。从个人修养的角度来看，礼仪可以说是一个人内在修养和素质的外在表现。从交际的角度来看，礼仪可以说是人际交往中适用的一种艺术、一种交际方式或交际方法，是人际交往中约定俗成的示人以尊重、友好的习惯做法，从传播的角度来看，礼仪可以说是在人际交往中进行相互沟通的技巧。

公共交通企业每天担负着运送成千上万名乘客的任务，企业员工尤其是驾乘人员的礼仪就显得尤为重要。注重礼仪，不但是对乘客的一种尊重，也是服务人员基本素质和自尊自爱的行为表现。优雅的举止、得体的着装、整洁的仪容、礼貌的谈吐、亲切的笑容，不仅能够为乘客带来愉悦的乘车情绪，还可以弥补服务人员自身业务或技术方面的失误或不足。驾乘人员的外部形象代表着公共交通企业乃至整个城市的精神面貌和服务水准，因此，驾乘人员必须做到仪表端庄、文明待客。具体包括仪容仪表、行为举止、服务用语等内容。

一、仪容仪表礼仪

仪容仪表是内在美、自然美、修饰美这三个方面的统一。它能体现一个人良好的精神面貌和对生活工作的乐观、积极的态度。驾乘人员在出车前要修饰和维护个人仪容，重点为发部修饰、面部修饰以及着装规范三个方面。

（一）发部修饰规范

良好的发型修饰能给人一种潇洒飘逸和充满活力的青春感觉，是提升人的气质与美丽、展现仪容仪表美的重要手段。发部修饰包括发部清洁、发型的选择和头发的美化。

（1）发部清洁：应注意定期清洗、定期修剪、每天梳理。

（2）发型选择：要长短适当、风格庄重。男性驾驶员修饰头发时应长度合适，还需文明美观，一般情况下，应做到前发不覆额，侧发不掩耳，后发不触领。女性驾乘人员在上岗之前应将长发盘起，头发长度不宜超过肩部。

（3）头发美化规范：在美化头发的过程中应注意做到染发适当、慎重烫发，严禁出现与工作环境和要求不相符的发色和发型。无特殊原因一般严禁佩戴假发。除企业配发的工作帽外，驾乘人员严禁佩戴帽子上岗。

（二）面部修饰规范

面部修饰是体现仪容仪表礼仪美的一个重要方面，其基本要求是洁净、卫生、自然。要注重面部的洁净，讲究面部卫生。注意做好眉部修饰、眼部修饰、耳部除垢、鼻部修饰、口部修饰。

（1）眉部修饰：注意眉形美观，做好眉毛梳理和眉部清洁工作。

（2）眼部修饰：注意眼部保洁与眼病防治，正确佩戴眼镜。

（3）耳部修饰：定期对耳部除垢，保持耳部清洁。

（4）鼻部修饰：做好鼻部清洁，定期修剪鼻毛。

（5）口部修饰：养成良好的刷牙习惯，禁食异味食品。男士要及时剔胡须。严禁出现口有异味、胡须过长的现象。

化妆是面部修饰的一种高级方法，它是指采用化妆品对自己的面部进行修饰、装扮，以使容貌变得更加靓丽。在服务工作中进行适当的化妆是必要的，这既是自尊的表现，也意味着对服务对象的尊重。工作岗位妆容要做到淡雅、简洁、庄重。化妆还应该符合一定的礼仪规范：勿当众化妆，勿在异性面前化妆，化妆勿妨碍他人，妆容勿出现残缺，勿评论他人妆容。

（三）工装着装规范

规范穿着各类工装，特别是领口和袖口的纽扣要扣好，带拉链的工装上衣领口处拉链开启不大于5寸。

着长袖衬衣时，扎系制式领带。若不扎领带，衬衣领口只允许开第一粒上扣。

春秋装内套长袖夏装时，必须扎系企业统一配发的领带，衬衣衣领不得翻盖于西服领外，下摆扎于裤内不得外露。

在工装指定位置佩戴肩章和臂章。标志服上除佩戴星级臂章、肩章和企业规定的标志外，不得佩戴其他物品。不得将与工作无关的物品装入标志服口袋内。

二、行为举止礼仪

(一) 站立服务规范

站姿是驾乘人员一切礼仪的根本。站姿不美，其他姿势也就无法做到优美典雅。站立服务应注意保持标准的站姿。规范站姿标准：

(1) 头正。两眼平视前方，嘴微闭，收颌梗颈，表情自然，稍带微笑。

(2) 肩平。两肩平正，微微放松，稍向后下沉。

(3) 臂垂。两肩平整，两臂自然下垂，中指对准裤缝。

(4) 躯挺。胸部挺起、腹部往里收，腰部正直，臀部向内向上收紧。

(5) 腿并。两腿立直，贴紧，脚跟靠拢，两脚夹角成60度。

这种规范的礼仪站姿，同部队战士的立正是有区别的。礼仪的站姿较立正多了些自然、亲近和柔美。

服务岗位中的常用站姿形式为前腹式站姿，即两手在腹前交叉，右手搭在左手上，身体直立。女士可以用小丁字步，即一脚稍微向前，脚跟靠在另一脚内侧。这种站姿端正中略有自由，郑重中略有放松。在站立中身体重心还可以在两脚间转换，以减轻疲劳，这是一种常用的站姿。

(二) 坐式服务规范

坐式服务规范应注意保持标准坐姿。驾乘人员工作时多数是坐着为乘客服务的，因此应注意保持标准的坐姿。正确的坐姿还可以减少一些疾病的侵害。基本要求是坐定之后，应当挺胸抬头，双目平视，下巴内收，身体不能歪斜。

坐式服务中还应注意手势的规范：

(1) 驾乘人员在工作过程中用手势表示“请进”、“请”

时五指并拢，手掌自然伸直，手心向上，肘微弯曲，腕低于肘。以肘为轴轻缓地向一旁摆出，手臂大致与腰部齐高，当与身体侧面呈45度时停止。头部和上身微向伸出手的一侧倾斜，目视乘客，面带微笑，表示尊重、欢迎。

（2）需要给乘客指方向时，手指并拢，掌伸直，屈肘从身前抬起，手臂向所指的方向摆去，摆到与肩齐高的高度时停止，肘关节基本伸直。注意指引方向时，不可用手指指引。

三、服务用语礼仪

公共交通服务语言是指驾乘人员在车厢服务中，为了提高服务质量而使用的规范化语言，主要在报站、售票、验票、疏导、解答询问等情况下使用。公共交通服务语言的基本要求是清楚、准确、简练、文明。服务用语规范应做到以下几点：

1. 正确使用称谓

人际往来，礼貌当先；与人交谈，称谓当先。恰当地使用称谓，是一种基本礼貌。称谓要表现出尊敬、亲切和文雅，使双方的心灵得以沟通，感情更融洽，进而缩短彼此的距离。得体适当的称谓是友好、尊敬和与人为善的表现，同时也能体现出一个人的文明礼貌和文化素养。在服务过程中准确地运用称谓更能拉近和乘客之间的距离。

服务工作中可以使用的称谓有“同志”、“先生”、“女士”等。对年长乘客可亲切地称呼“大爷”、“大姨”；若对方相对年长可称为“大哥”、“大姐”；若对方是学生，可称“同学”；若对方是小孩，可称“小朋友”。

2. 使用普通话

作为公共交通服务人员须不断提高普通话水平，使普通话成为服务工作中的习惯用语，树立行业良好形象。在与乘客交流时，驾乘人员第一句话要使用普通话，然后根据对方语言情况选择使用普通话或地方方言、英语等。

3. 要灵活、准确、熟练地运用文明敬语

俗话说："良言一句三冬暖，恶语伤人六月寒"。在公共交通服务中，亲切温柔的语言能够缩短驾乘人员与乘客之间的心理距离，沟通与乘客之间的感情，还可以防止和减少无谓的摩擦和矛盾，相反如果驾乘人员言辞激烈、出口伤人，不仅使人反感、厌恶，而且极易造成矛盾、引起争执，对企业形象造成恶劣影响。因此，驾乘人员在服务中要灵活运用公共交通服务文明用语，如"您好"、"请"、"谢谢"、"麻烦"、"对不起"等，严禁出现服务禁语，以促进服务质量的提高。公共交通服务常用用语、禁语等内容请参考本书附录。

四、微笑服务礼仪

微笑是服务人员的第一职业表情，员工的微笑服务，既是职业行为，又是一种企业行为。在服务行业中，微笑服务显得至关重要。微笑是心情愉悦的反映，也是服务人员有礼貌、有涵养的表现。微笑是一种通用语言，是一种无声动人的音乐，是人类一种高尚的表情。微笑不仅能化解某些矛盾，消除紧张气氛，还有助于改善人与人之间的关系。微笑服务的根本目的是为了提高公共交通企业的服务质量，让乘客有一个温馨和谐的乘车环境。

（一）微笑服务的含义

（1）服务规范、态度和蔼。

（2）在服务过程中能展现真诚、善意、亲切、自然的表情。

（3）能够满足乘客的某种需求，为其提供某些帮助。

（二）微笑服务的具体做法

（1）目光迎客：当驾乘人员开门迎客时要主动面向乘客，

眼睛礼貌正视乘客，要有意去发现乘客的需求，并迎着乘客的眼神与其进行目光交流。目光应注视于乘客脸部的中心部位，即双眼和嘴之间，目光要友善，亲切自然。

（2）语言迎客：当驾乘人员开门迎客时，应在目光迎客的基础上主动问候乘客，常用问候语有“您好！”、“早上好！”、“下午好！”、“过年好！”、“大家好！”等。如需使用其他服务用语，应在其他服务用语之前使用“您好！”、“大家好！”等问候语，比如：“您好，欢迎乘车！”、“大家好，让你们久等了！”、“您好，请往里走！”、“您好，请投币。”等。声音要求清晰柔和，语速适中。范围以一米以内能听到为最佳。当站点上客人员较多时，驾乘人员可间隔重复使用问候语。

（3）微笑迎客：当驾驶员开门迎客或与乘客交流时，应在使用问候语的基础上主动与乘客进行感情沟通，并向乘客点头微笑示意。要求嘴唇向上微翘、口眼结合、含有笑意，面部表情和蔼可亲，表情自然。最佳微笑时点以目光与乘客接触的瞬间为宜，主要表达的意思是：“欢迎乘车，很高兴为您服务。”

需要注意的是，以上是微笑服务的通用做法，驾乘人员可根据不同的场合、不同的情况适时进行微笑服务工作。驾乘人员要全面地把握微笑服务的内涵，由易而难地展现自身的良好形象。

第四章 城市公共交通服务管理的实施

第一节 城市公共交通服务管理职能

一、城市公共交通企业服务管理的职能

服务管理的职能是指对驾乘服务人员提供的服务进行全面管理的过程中所具备的管理功能。服务管理主要有四项职能:

(一) 计划职能

广义的计划职能是指管理者制订计划、执行计划和检查计划执行情况的全过程;狭义的计划职能是指管理者事先对未来应采取的行动所作的谋划和安排。计划职能是服务管理的首要职能,主要是因为一方面计划职能在时间顺序上处于“计划—组织—控制—激励”这四大职能的始发或第一职能位置上,另一方面计划职能对整个公共交通企业服务管理活动过程及其结果所施加的影响具有首要意义。

按照上述职能要求,服务管理者在遵循公共交通企业总体目标的基础上,应依次开展分析环境与预测未来、制定目标、设计与选择方案、编制计划、反馈计划执行情况等工作。

服务管理的计划职能所包括的内容一般要通过文件的形式来确定,按照时限的长短可分长远规划、中期计划和短期计划。长远规划一般是指5年以上的服务管理构想,并提出每个阶段的奋斗目标。中期计划一般指2年以上、5年以下的计划,

这种计划除了要提出实现的目标以外，还要有期间开展的各项工作内容以及各种保障措施。短期规划一般是指一年以内的计划，可分为年度计划、季度计划、月度计划，这种计划主要列出完成目标任务期间的具体工作安排即可。计划完成的期限越短，各项工作的内容越应该具体，要细化到人。

（二）组织职能

组织职能是指按计划对企业的活动及其生产要素进行的分派和组合。组织职能对于发挥集体力量、合理配置资源、提高劳动生产率具有重要的作用。组织职能一方面是为了实施计划而建立起来的一种结构，在很大程度上决定着计划能否得以实现；另一方面是为了实现计划目标所进行的组织过程。

组织职能的实施通常包括以下步骤：

1. 工作划分

根据目标一致和效率优先的原则，把达成组织目标的总的任务划分为一系列各不相同又互相联系的具体工作任务。

2. 建立部门

把相近的工作归为一类，在每一类工作之上建立相应部门。这样就在组织内根据工作分工建立了职能各异的组织部门。

3. 决定管理跨度

所谓管理跨度，就是一个上级直接指挥的下级数目。应该根据人员素质、工作复杂程度、授权情况等合理地决定管理跨度，相应的也就决定了管理层次和职权、职责的范围。

4. 确定职权关系

授予各级管理者完成任务所必需的职务、责任和权力，从而确定组织成员间的职权关系。

5. 通过组织运行不断修改和完善组织结构

在组织运行中，必然暴露出许多矛盾和问题，也会获得有益的经验，这一切都应作为反馈信息，帮助领导者重新审视原有的组织设计，酌情进行相应的修改，使其日臻完善。

具体到城市公共交通企业中，服务管理的组织职能就是把服务管理中的各个环节组织起来，明确各个环节之间的关系，从而使服务管理形成一个有机的整体。它的主要内容包括设置必要的服务管理机构、建立专业服务管理队伍，明确服务管理人员的岗位职责。规定服务管理需要完成的工作内容及工作标准等。目前，由于大部分城市公共交通企业的服务管理实行分级管理，组织职能还应包括各级的专业管理部门、岗位设置及具体的人员分工。

（三）控制职能

控制职能是与计划职能紧密相关的，它包括制订各种控制标准；检查工作是否按计划进行，是否符合既定的标准；若工作发生偏差要及时发出信号，然后分析偏差产生的原因，纠正偏差或制订新的计划，以确保实现组织目标。

服务管理的控制职能是指对服务计划的组织实施过程进行监督、检查、考核和控制，确保整个服务计划能顺利完成的功能。在日常工作中，我们按照规定的工作标准进行操作时，常常会发生许多问题，如在实施服务计划的过程中，由于信息传达不到位、对工作目标未理解、任务不明确或执行力不强，造成某单位的服务质量发生问题或管理水平下降。作为管理者在获取信息的同时，要及时对出现的问题进行分析，研究并制订有效的整改措施并运用一些行政手段或其他管理手段来加以控制，确保整个计划不偏离企业发展方向，最终确保服务计划顺利完成和实施。因此说，服务管理的控制职能服务于计划目标，是完成计划的重要保证。

（四）激励职能

服务管理的激励职能是指在服务计划的组织实施过程中，调动企业员工的积极性，激励其完成服务计划的功能。城市公共交通企业为满足乘客出行不仅需要必要的设备、设施和良好的乘车环境，更要靠广大一线驾乘人员来提供服务。充分调动人的积极性、提高员工整体素质是优质服务的根本保证。激励职能作为服务管理的职能之一，其作用就是要充分调动企业员工的生产积极性，激励其为乘客提供优质的服务。主要措施包括：

1. 分配的工作要适合员工的工作能力和工作量

人岗匹配是配置员工追求的目标，为了实现人适其岗，需要对员工和岗位进行分析。每个人的能力和性格不同，每个岗位的要求和环境也不同，只有事先分析、合理匹配，才能充分发挥人才的作用，才能保证工作顺利完成。

2. 论功行赏

员工对企业的贡献受到诸多因素的影响，如工作态度、工作经验、教育水平、外部环境等，虽然有些因素不可控，但最主要的因素是员工的个人表现，这是可以控制和评价的因素。其中一个原则是，员工的收入必须根据他的工作表现确定。员工过去的表现是否得到认可，直接影响到未来的工作结果。论功行赏不但可以让员工知道哪些行为该发扬哪些行为该避免，还能激励员工重复和加强那些有利于企业发展的行为。因此，在工作表现的基础上体现工资差异，是建立高激励机制的重要内容。

3. 通过培训提高员工的工作能力，并且选拔有资格担任领导工作的人才

由专门的部门负责规划和组织，为员工提供培训计划。培

训计划包括基本技能培训、高层管理培训，还可根据公共交通企业的特点开发相应的培训课程。通过培训，不仅能提高员工的业务能力，还可以让每个员工都了解自己的岗位在企业中的位置和作用，了解到有哪些晋升途径，充分调动员工的工作积极性。

4. 不断改善工作环境和安全条件

适宜的工作环境，不但可以提高工作效率，还能调节员工心理状态。根据生理需要改善工作环境，可以节省体力、缓解疲劳；根据心理需要改善工作环境，可以创造愉悦、轻松、积极的工作氛围。公共交通企业可以在多个方面对工作环境进行人性化改造，例如在公共交通车厢内安装冷暖设施、在车队增设食堂和盥洗室、保持工作地点整洁干净等。

安全是对工作条件最基本的要求。例如可以建立保证安全的标准设施和制度，由专门的部门负责，向员工提供定期的安全指导和防护设施，还可以奖励的方式鼓励安全生产和运行，使员工提高安全意识。

5. 实行抱合作态度的领导方法

领导者在领导的过程中，就如同自己被领导一样，在相互尊重的氛围中坦诚合作。其中包括商定工作指标、委派工作、检查工作、解决矛盾、评定下属职工和提升他们的工作能力。其中最主要的任务是评价下属，根据工作任务、工作能力和工作表现给予公正评价，让下属感受到自己对企业的贡献、认识到在工作中的得失。评价的原则是“多赞扬、少责备”，尊重员工，用合作的方式帮助其完成任务。

二、城市公共交通服务管理组织结构

根据服务管理的职能划分，城市公共交通企业大都实行分级管理，对服务工作实行分级管理的核心是合理确定各级管理部门的职责范围和权限，以确保服务工作计划和工作安排得到顺利贯彻和落实。一般来说，大中城市公共交通企业的服务管理组织结构是由高层管理、中层管理和基层管理三部分组成的，小城市公共交通企业可采用高级管理和基层管理二级服务管理组织结构。此处主要论述大中城市公共交通企业的服务管理组织结构。

（一）高层管理

高层管理是指总公司（集团公司）服务管理部门对整个公共交通企业服务工作的管理，主要内容包括：

（1）制订相关服务管理规章制度，如驾乘人员的服务规范、服务设施的使用规定、标志服等服务标志的穿着佩戴规定、服务检查与考核规定等。

（2）根据企业的工作目标和发展规划，制订服务工作计划，并分配服务工作任务。

（3）组织开展各类服务检查，并根据检查结果对服务质量进行考核和评定。

（4）负责管理各类乘车卡的发售、审验等工作。

（5）参与重大服务质量问题的审核、处理工作。

（6）负责接待、答复、处理与服务相关的来访、来电、信函、投诉、建议。

（7）负责组织乘客满意度调查，并根据结果对薄弱环节进行整改。

（8）负责组织相关人员开展定期或不定期的服务培训。

（二）中层管理

中层管理是指运营公司（分公司）服务管理部门对本单位服务工作的管理。

运营公司（分公司）的服务管理工作向运营公司（分公

司）经理负责，同时还要接受总公司（集团公司）服务管理部门的领导，积极贯彻落实总公司（集团公司）的各项服务工作计划。具体内容包括：

（1）贯彻、落实上级服务工作计划、规章和要求，拟定服务工作措施，并组织实施。

（2）定期组织对所属车队的服务质量、卫生和服务设施的检查，并将检查情况进行统计、存档、上报。

（3）负责服务投诉的下转、上报、调查和处理，并指导车队处理好影响较大的服务纠纷。

（4）负责基层相关服务人员的思想教育和岗位培训工作。

（5）定期对服务工作进行分析总结，对发现的问题及时提出整改意见，并制订相应的措施。

（6）积极与有关单位和部门协调配合，为做好服务工作创造条件。

（7）完成好各种突发、临时性服务工作任务。

（三）基层管理

基层管理是指车队服务工作管理，由车队长领导，车队服务管理员具体负责，按照上级部门的要求，认真落实执行各项服务工作。主要内容包括：

（1）贯彻落实上级部门制订的服务工作计划和安排，制订本单位具体工作方案和措施，并组织实施。

（2）负责管理和维护车队的各类服务设施。

（3）对驾乘人员、站务员的服务质量和车厢卫生状况进行经常性检查，并对检查结果进行统计分析，发现问题及时解决。

（4）负责组织驾乘人员、站务员的职业道德教育和服务技能培训。

(5) 做好服务投诉的调查落实、处理和上报工作。

(6) 负责所属运行线路、驾乘人员、站务员服务工作的考核、评定、上报工作。

(7) 做好服务先进典型的发现、培养和推广工作。

(8) 做好各类服务基础资料的收集、整理、存档工作。

(9) 完成好各项临时性服务工作任务。

三、服务专业部门岗位设置与工作职责

城市公共交通企业的服务专业实行分级管理，要求下级对上级的各项管理决策、工作安排、各项指标的考核都要按严格的程序来组织落实，并对结果负责。上级主管部门要定期对下级单位的任务完成情况进行指导、督促和检查，以提高工作效率，确保各项工作得以顺利贯彻和落实。服务管理部门的管理职能是由服务专业管理人员来执行的，因此，科学合理地设置服务管理部门的岗位并确定工作职责是做好服务管理工作的重要基础。

(一) 服务部门的岗位设置

服务部门的岗位设置要根据服务专业管理的内容来设定，它是一个由若干个工作岗位结合在一起的组织结构。在大多数城市公共交通企业中，服务部门的岗位一般都设有总公司（集团公司）服务部门负责人、服务质量管理岗、社会监督管理岗、服务质量检查岗。各运营公司设有运营公司服务部门负责人管理岗和服务管理员岗。车队设有车队服务管理岗等。服务部门的岗位设置组织框架见图 4-1。

(二) 服务部门各岗位工作职责

1. 服务部门负责人工作职责

(1) 根据城市公共交通企业经营发展要求和有关方针、政策，制订或修改服务规定和标准，全面及时地掌握企业整体服

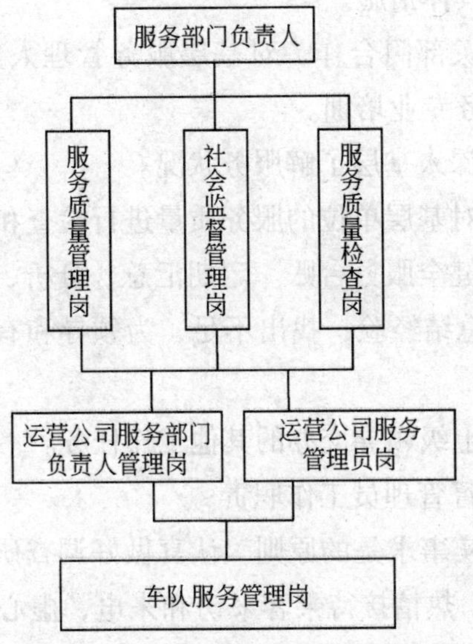

图4-1 服务部门岗位设置组织框架图

务质量和服务动态，总结服务工作中的先进经验并加以推广，指导企业整体服务工作。

(2) 及时了解和掌握企业整体服务状况，并提出建设性意见，为领导决策提供依据。

(3) 负责本部门人员的管理和使用。

(4) 负责制订服务管理人员的培训教育计划。

(5) 负责企业各项服务工作计划的审定。

(6) 负责组织企业各项服务工作的检查、指导和落实。

(7) 负责各类上报服务材料、报表、档案的审核。

(8) 协调有关方面和部门解决管理中需协商处理的问题，协调好与其他部门的关系，确保服务工作顺利开展。

2. 服务质量管理员工作职责

(1) 参与制订、修改服务工作规章制度、计划和年度工作目标，并提出具体措施。

（2）与相关部门合作，对基层服务管理人员、驾乘人员、站务员进行服务专业培训。

（3）定期深入基层了解服务状况。

（4）负责对基层单位的服务质量进行检查和考核。

（5）建立健全服务台账。定期汇总、分析、整理各类服务数据和资料，总结经验，找出不足，为领导和有关部门提供数据资料。

（6）完成上级领导交办的其他工作任务。

3. 社会监督管理员工作职责

（1）按照实事求是的原则，认真做好调查研究工作，认真处理乘客来信，热情接待乘客来访和来电，虚心听取乘客的意见和建议，做到事事有落实，件件有回音。

（2）负责各级人大代表、政协委员有关公共交通的提案和建议的办理、回复和落实工作。

（3）代表企业接受社会监督，认真回访基层单位处理的乘客投诉，协调基层解决疑难问题，参与服务投诉、纠纷的定性及考核。

（4）负责公共交通热线的日常管理。

（5）定期对各类批评、建议、意见和投诉情况进行汇总分析，提出加强服务监督、实施奖惩方面的工作建议和措施。

（6）完成领导交办的其他任务。

4. 服务质量检查员工作职责

（1）参与制订服务质量检查的规章制度、检查标准及检查方法。

（2）定期组织对车厢服务质量、车辆卫生、车辆服务设施的检查和考核。

(3) 负责办理驾驶员的服务工号，并与有关部门协调配合，努力改善车厢服务设施，为乘客创造良好的乘车环境。

(4) 定期组织乘客满意度调查，通过对调查数据汇总的分析，找出服务质量方面存在的问题，提出有效的整改措施和管理办法。

5. 运营公司服务部门负责人工作职责

运营公司服务部门负责人的工作职责与总公司（集团公司）服务部门负责人的工作职责基本相同，区别在于运营公司服务部门负责人的工作面向的是运营公司及所属车队，而总公司（集团公司）服务部门负责人的工作面向的是整个公共交通企业。

6. 运营公司服务管理员工作职责

(1) 根据上级要求制订本单位的服务工作计划，并认真组织实施。总结服务工作经验。

(2) 根据上级服务工作安排，制订本单位的服务、卫生管理实施办法。

(3) 定期召开本单位服务管理人员专业会，总结分析各车队服务质量存在的问题，提出整改措施。

(4) 定期深入基层车队，检查考核车队服务管理员的工作质量，指导服务管理员履行职责。

(5) 督促车队处理好乘客投诉、服务纠纷和其他服务问题。

(6) 负责先进个人、线路的培养，帮助车队教育后进职工。

(7) 负责本公司服务管理台账的管理。

7. 车队服务管理员工作职责

(1) 协助车队长管理好本单位的车厢服务、车辆卫生，完成好各项服务工作指标。

(2) 制订本车队的服务工作计划、管理细则，及时分析、总结服务管理工作。

(3) 做好职工的思想教育和服务技能培训工作。

(4) 定期检查驾乘人员、站务员的服务质量，并进行考核。

(5) 认真处理上级单位转来的乘客投诉，做好相关善后工作。

(6) 做好服务原始数据和资料的整理工作，做好车队服务台账的管理。

第二节 城市公共交通服务管理绩效考核

一、绩效考核的含义

绩效考核通常也称为业绩考评或“考绩”，是根据企业中每级管理组织和每位员工所承担的工作，通过各种科学的定性和定量分析，对其实际工作效果及其价值进行考核评价的工作方法。它是企业管理强有力的手段之一。业绩考评的目的是通过考核提高每级管理组织和每位员工的工作效率，最终实现企业的目标。

绩效考核是现代组织不可或缺的管理工具。它是一种周期性检讨与评估各级管理组织和员工工作表现的管理系统。有效的绩效考核，不仅能确定每级管理组织和每位员工对企业的贡献或不足，还能在整体上对人力资源的管理提供决定性的评估资料，从而改善组织的反馈机能，提高员工的工作绩效，激励士气，也可为公平合理地酬赏员工提供依据。根据公共交通企业服务管理的需要，本节主要讨论对员工的绩效考核。

二、绩效考核的原则

绩效考核是对员工在工作过程中表现出来的工作业绩、工作能力、工作态度以及个人品德等进行评价，并以此为依据判断员工与岗位的要求是否相称。在考核时应注意以下几个原则：

1. 公平原则

公平是确立和推行人员绩效考核制度的前提。不公平，就不可能发挥绩效考核应有的作用。

2. 严格原则

绩效考核不严格，不仅不能全面地反映工作人员的真实情况，还会产生某些消极的后果。绩效考核的严格性包括要有明确的考核标准，要有严肃认真的考核态度，要有严格的考核制度，还要有科学严格的考核程序及方法等。

3. 单头考评的原则

对不同岗位员工的考评，都必须由被考评者的直接上级进行。直接上级相对来说最了解被考评者的实际工作表现（成绩、能力、适应性等），也最有可能反映真实情况。间接上级（即上级的上级）不应当擅自修改直接上级作出的考评评语。单头考评明确了考评责任所在，并且使考评系统与组织指挥系统一致，更有利于加强经营组织的指挥机能。

4. 公开原则

绩效考核的结论应对本人公开，这是保证绩效考核民主的重要手段。这样做，一方面可以使被考核者了解自己的优点和缺点、长处和短处，从而使考核成绩好的人再接再厉，继续保持先进；也可以使考核成绩不好的人心悦诚服，奋起直追。另一方面还有助于防止绩效考核中可能出现的偏见以及种种误差，以保证考核的公平与合理。

5. 奖惩原则

依据绩效考核的结果和工作成绩的大小、好坏，对相关人员有奖有罚，有升有降。这种奖罚、升降不仅与精神激励相联系，而且还必须通过工资、奖金等方式同物质利益相联系，这样，才能达到绩效考核的真正目的。

6. 反馈的原则

考评的结果（评语）一定要反馈给被考评者本人，否则就起不到考评的教育作用。反馈考评结果时，应当向被考评者就评语进行说明解释，肯定成绩和进步，指出不足，并提出今后努力的方向等参考意见。

三、绩效考核的目标和功能

服务绩效考核以充分发挥员工的工作积极性和实现企业目标为目的，一方面对员工的表现和实绩进行实事求是的评价，同时也要考核员工的能力和工作适应性等方面的情况。

1. 绩效考核的目标

绩效考核的目标是改善员工的组织行为，充分发挥员工的潜能和积极性，以求更好地达到组织目标。

（1）改进组织绩效，提高企业经济效益。企业在管理过程中灵活运用考核奖惩制度，可有效地激发广大员工的工作积极性，促进企业经济效益的提高。

（2）有效地解决价值分配中不公正的因素，这一目的实质是解决企业为什么付酬和怎样付酬的问题。企业员工劳动多付出多、工作质量高，就会得到较高的奖励，反之奖励就少。按劳分配，多劳多得，这一奖励制度的推行可以保证企业实现价值分配的公正性。

2. 绩效考核的功能

（1）管理功能。绩效考核的管理功能首先表现为考什么，就是要明确组织、部门及个人的工作目标和工作标准。其次，表现为怎么考，即具体操作时应当体现沟通、学习、改进、评价等功能。第三，表现为考核结果的运用上。考核结果是晋升、奖惩、培训等人力资源开发与管理的基础和依据。

（2）激励功能。绩效考核辅之以奖优罚劣的举措，必然促进工作人员改进调整行为，激发其积极性和进取心，促使组织成员更加积极、主动、规范地去完成组织目标。

（3）学习功能。绩效考核也是一个学习过程。通过考核使组织成员更好地认识组织目标，并根据目标需要改进自身行为，通过学习提升技能，从而促进组织的整体效益和实力的提高。

（4）导向功能。绩效考核标准是组织对其成员行为的期望，是员工努力的方向，有什么样的考核标准就有什么样的行为方式。对企业员工进行有效的评价，这一目的表面上是为解决“公平”或“奖惩多少”问题，实质更深层次的目的是解决组织成员的开发、职业生涯、动力源等方面的问题，考核的这一目的反应在考核内容上基本可以归结为业绩、态度、能力、潜力、适应性等五个方面。

（5）监控功能。员工的工作绩效考核，对组织而言就是工作任务数量、质量及效率等方面的完成情况，对员工个人来说，则是上级对下属工作状况的评价。通过对员工工作绩效的考评，获得反馈信息，便可据此制订相应的人事决策与措施，调整和改进其效能。

四、城市公共交通服务绩效考核

驾乘人员是城市公共交通服务工作的主要实施者，因此城市公共交通服务绩效考核主要是指公共交通企业对驾乘人员的服务质量进行的考查和审核。考核内容包括服务规范执行情况、车厢卫生状况、服务设施使用及维护情况、服务业务技能和乘客满意度等方面，归纳起来，可分为车厢服务、车辆卫生、车辆服务设施三大类。

在考核前，应制订详细的考核内容，并为每项内容设定合理的分值，考核时对于不达标项，应根据违犯的严重程度和对企业造成的负面影响扣除一定的分数，最后将每项得分相加得出总分数，考核人员可根据总分数评价被考核人的工作情况。公共交通企业常见的绩效考核内容如下。

（一）车厢服务考核内容

车厢服务考核主要是对驾乘人员车厢服务质量的考核，内容包括：

1. 着标志服

按规定穿着标志服，保持服装整洁，仪表端庄。

2. 悬挂工号

按照规定位置和要求悬挂工号。

3. 使用司辅器

驾驶员或乘务员在行驶、转弯、进出站和遇特殊情况时，按照规定使用司辅器的报站、预报及宣传用语键。如遇司辅器发生故障不能正常使用时，应使用普通话口语报站。

4. 服务用语的使用

驾驶员运行中必须使用普通话服务。与乘客交流时须正确使用“您好”、“请”、“谢谢”、“麻烦”、“对不起”等文明用语，做到“请”字开头，“谢”字收尾。

5. 微笑服务

驾乘人员要文明礼貌待客。面对乘客微笑时要做到表情亲切自然、目光友善、声音清晰柔和、语言文明、态度诚恳。

6. 车载设备的使用

驾驶员应正确使用车载电视、收音机等设备及各类电子显示屏。电视和收音机不得同时开启，开启的音量以不大于报站声音为准。电子显示屏应工作正常，能够及时准确显示提示、预报、宣传等内容。

7. 照顾特需乘客

主动关心照顾老、弱、病、残、孕及怀抱婴儿等特需乘客，宣传、动员其他乘客主动为特需乘客让座并代其表示感谢。

8. 解答乘客询问

在保证行车安全的前提下，认真解答乘客的询问，做到有问必答、多问不烦。

9. 监督投币、查验卡证

认真监督乘客投币，正确使用收费机。认真查验只限本人乘车使用的各类乘车卡及证件。查验卡证时，应文明礼貌，使用文明用语。

10. 疏导乘客

疏导乘客时，要语言文明、语气温和、语速适中，不得吆喝和推搡乘客。疏导乘客时应做到耐心、文明、礼貌、规范。

11. 遵守运营纪律

遵守交通法规及运营纪律，按指定线路、时间、地点、班次运营。做到逢站必停、依次进站，认真执行二次进站。驾乘人员在运行服务中不得做与工作无关的事情。

车厢服务检查考核表如表 4-1 所示。

表 4-1

车厢服务检查考核表

公司　　　　车队　　　　路线　　　　　　　　　　　　年　　月　　日

车号	服务工号	上车站点	上车时间	车厢服务考核内容											总分合计	备注
				规范着装	悬挂工号	使用司辅器	服务用语	微笑服务	车载设备	照顾特需乘客	解答询问	监督投币	疏导乘客	运营纪律		
				设定分值	设定分值	设定分值	设定分值	设定分值	设定分值	设定分值	设定分值	设定分值	设定分值	设定分值		

（二）车辆卫生考核内容

主要是指对运营车辆卫生状况的考核，内容包括：

1. 车辆外部卫生标准

（1）车身外皮：清洁、无污物。雨雪天后，立即清洗车皮卫生，确保脏车不上路。

（2）玻璃：清洁明亮，无水渍、污痕，玻璃压条及中缝清洁无污垢、无浮土。

（3）外上顶：清洁明亮、无水迹。

（4）车轮：轮胎清洁无积泥、轮毂无灰尘及油污。

2. 车辆内部卫生标准

（1）踏板、车门：踏板和上、下客车门及门盒清洁无尘土、油污；门轴滑轨外部清洁，无油污。

（2）驾驶区域：驾驶区内地板、车厢内壁清洁。仪表盘及操作平台（含储物盒）清洁、明亮。驾驶区内无杂物（水杯、路单及工作卡除外）。驾驶员座椅、遮阳板、电风扇、灭火器等辅助设施清洁，无污垢。

（3）服务设施：收费机、司辅器、投币箱无尘土、污垢。各类标牌清洁，无翘边、脱胶现象。车载电视、车载监控及LED显示屏表面无浮土及污渍。

（4）地板：出车前确保地板清洁，无污渍和垃圾。做到一日一清洁，一趟一清扫，无卫生死角。

（5）车厢座椅、扶手（拉手）、靠背及座椅背面：出车前做到座椅清洁无尘土、积水和油污，扶手（拉手）无尘土及污渍。如座椅配有座套，应及时更换、保持清洁。

（6）内壁：内壁及裙边压条无尘土、污迹及痰迹。

（7）内上顶：定期用清洗剂清洗擦拭，清洁无污痕。

（8）天窗、空调车风道口及滤网罩：清洁，无尘土及污渍。

3. 车辆其他部位卫生标准

（1）连接布：通道车连接布内外清洁，无卫生死角，连接布兜内无杂物、垃圾和尘土。通道车旋转角度后，转盘区域应无垃圾及油垢。

（2）车厢内后仓板：卫生清洁，无尘土及杂物。

（3）车辆后视镜、散热器进风口、发动机散热孔、空调上盖、集电箱盖、加气罐盖板、乘务员工作台等部位清洁，无污垢。

车辆卫生检查考核表如表4-2所示。

（三）车辆服务设施考核内容

主要是指对运营车辆服务设施的种类、内容、安装及维护等方面的考核，内容包括：

1. 承诺、温馨提示牌

承诺内容应包括《城市公共汽（电）车乘车规则》、《公共交通驾乘人员服务守则》、《文明乘车公约》和《社会服务承诺》，温馨提示内容包括提醒乘客抓好、扶好，车内严禁吸烟，严禁携带易燃易爆及化学物品乘车等。

承诺、温馨提示牌的安装位置为上客门侧第一块边窗玻璃上方。

承诺、温馨提示牌必须齐全、无破损、内容准确、安装位置正确。

2. 热线电话牌、便民乘车示意图、老弱病残孕专席牌

热线电话牌内容应包括公共交通服务、运营、投诉等与服务有关的电话号码，便民乘车示意图应正确显示运营线路途经站点，老弱病残孕专席牌指示老、弱、病、残、孕特需专席位置，提示乘客主动为特需乘客让座。

热线电话牌、便民乘车示意图、老弱病残孕专席牌的安装

表 4-2

车辆卫生检查考核表

公司　　车队　　路线　　　　　　年　月　日

检查部位	车辆外部						车辆内部													其他	总分合计
检查序号	1	2			3	4	5	6				7			8	9	10	11	12	13	
项目		玻璃						驾驶员区域				服务设施									
分值	车身外皮	前后风窗	边窗玻璃	边框压条	外上顶	车轮	踏板	仪表盘	杂物	辅助设备	地板内壁	电子显示屏	各类标牌	司辅投币设备	地板	座椅扶手	内壁	内上顶	天窗	其他	
车号	设定分值	设定分值	设定分值	设定分值	设定分值	设定分值	设定分值	设定分值	设定分值	设定分值	设定分值	设定分值	设定分值	设定分值	设定分值	设定分值	设定分值	设定分值	设定分值	设定分值	
备注	第 13 项包括通道车连接布、乘务员工作台、后视镜、空调上盖、集电箱盖、加气罐盖板、散热器进风口、发动机散热孔、车厢内后仓板等部位。																				

检查人：　　　　　　　　　　车队负责人：

位置为老弱病残孕座椅上方。

热线电话牌、便民乘车示意图、老弱病残孕专席牌必须齐全、无破损、内容准确、安装位置正确。

3. 便民导乘图

显示本线路与主要旅游景点的换乘信息。

便民导乘图的安装位置为驾驶员一侧正对下客门的边窗玻璃上方。

便民导乘图要求无破损、内容准确、安装位置正确。

4. 公益宣传标牌

公益宣传标牌的内容以精神文明、重大事件、大型活动宣传和企业文化为主。

公益宣传标牌张贴在驾驶区隔板和下客门旁的灯箱上，喷画尺寸根据车内灯箱实际尺寸确定。

公益宣传标牌要求无破损、内容准确、安装及张贴位置正确。

5. 乘车价格标志

显示本线路票价、是否使用电子月票、电子车票的优惠幅度等内容。

乘车价格标志的张贴位置为投币箱壁面向上客门的一侧。

乘车价格标志必须齐全、无破损、内容准确、张贴位置正确。

6. 儿童乘车标高

提示身高在 1.2m 以下的儿童可以免费乘车。

儿童乘车标高的固定位置为上客门旁扶手杆距离车厢地板 1.2m 的位置。

儿童乘车标高必须齐全、字迹清晰、固定位置正确。

7. 安全提示

内容为防止乘客被车门挤（夹）伤的安全提示。

安全提示的张贴位置为上、下客门门轴上。

安全提示必须齐全、无破损、张贴位置醒目。

8. 收费机

齐全、能正常使用。

9. 报站器

齐全、能正常使用。

10. 投币箱

牢固、能正常使用。

11. 车辆“三牌”

包括运营车辆的顶牌、腰牌、尾牌。

（1）带有电子“三牌”的车型：顶牌、腰牌、尾牌按其出厂时的位置固定。同一线路、同一车型的电子显示牌必须规范、统一、准确、有效。带有线路号和服务等级标志的电子腰牌应在每月等级考核认定后由车队及时调整，显示的等级应与考核一致。

（2）其他车型：顶牌、尾牌应固定、张贴在前后风窗玻璃上端，尺寸要与玻璃相符。腰牌的张贴位置为上客门侧第一块边窗玻璃前端最下脚。车辆“三牌”必须齐全有效，无破损，内容准确，字体统一，安装、张贴规范。

12. LED 显示屏

除滚动播出提醒乘客爱护车内设施、维护乘车环境、给老弱病残孕特需乘客让座等宣传语外，还应准确显示站点、日期、时间、车内温度等。车辆运行中必须开启 LED 屏，且屏幕显示内容规范、准确、无乱码。

13. 随车钟表

显示时间、日期。随车钟表显示时间准确（以北京时间为准，误差为两分钟）。

车辆服务设施检查考核表如表 4-3 所示。

表 4-3

车辆服务设施检查考核表

公司　　　　　车队　　　　　线路　　　　　　　　　　　　　　　　年　月　日

检查序号	1	2	3	4	5	6	7	8	9	10	11	12	13	14	总分合计	备注
项目	承诺、温馨提示牌	热线电话牌、线路图、专席牌	便民导乘图	公益宣传标牌	价格标志	儿童乘车标高	安全提示	收费机	报站器	投币箱	车辆三牌	LED 屏	随车钟表	私自安装其他挂牌		
分值 / 车号	设定分值	设定分值	设定分值	设定分值	设定分值	设定分值	设定分值	设定分值	设定分值	设定分值	设定分值	设定分值	设定分值	设定分值		

检查人：　　　　　　　　　　　　　　　　　　　　　　　车队负责人：

第三节 城市公共交通服务培训

为了实现城市公共交通企业的经营管理目标，向社会提供更好的公共交通服务，提升乘客满意度，提高公共交通分担率等，各地城市公共交通企业都非常重视员工培训。公共交通企业是服务性行业，在诸多培训项目中，服务培训被列为最重要的内容之一，因为公共交通企业普遍认识到，搞好服务培训是做好服务工作的基础，它直接关系到企业的经营发展目标能否实现。

一、服务培训的定义

服务培训是公共交通企业为了给乘客提供持续的优质服务，并提升企业在社会中的形象，使服务人员通过学习和训练，在知识、技能和工作态度等方面得以提升、发展和完善而进行的一项有计划、有目的、有系统的活动。

为了开展有效的培训活动，公共交通企业需要按照一定的、科学的培训作业流程来开展培训活动。培训作业流程由培训需求分析、培训课程设计、培训实施和培训评估四个环节所构成。按照培训作业流程开展培训活动可以保证培训工作的科学性和有效性，同时也是培训工作成功运作的保障。本节将主要围绕这四个环节讨论公共交通企业的服务培训。

二、服务培训需求分析

公共交通企业是为乘客服务的，因此服务培训需求分析应主要从乘客的需求、意见和建议入手，服务需求分析是开展培训活动的重要依据。

乘客满意度调查、乘客投诉、乘客意见反馈等可以使公共交通企业直接了解到乘客对公共交通服务的不满、需要和期望。从乘客的角度出发来确定培训需求，有助于及时提供有针对性的培训，从而将问题转化为机遇和动力。例如，当乘客对某条线路发车间隔不满时，如果我们能及时采取措施补救，并向乘客道歉和耐心说明，乘客的抱怨便会转为信任和赞美，就会将劣势转变为优势，从而提高社会效益。

确保培训目的与乘客的需求保持一致，可以使公共交通企业达到理解乘客、预测和识别乘客需求的目的，可以使服务人员知道自己的技能、言行、形象和素质对乘客的满意程度会产生怎样至关重要的影响。因此这是一种最为直接和快捷的方法。

此外，还应综合考虑企业目标完成情况、服务检查考核情况、公共交通行业内外部环境的变化等，力求使服务培训的需求分析全面、准确。

三、服务培训课程设计

服务培训课程即服务培训的内容，应以培训需求为依据，有针对性地进行制定。总体来说，根据城市公共交通服务工作的特点，服务培训的内容主要有以下三个方面：

1. 知识培训

知识培训是公共交通企业最基本的服务培训。其主要任务是帮助服务人员掌握必要的基础知识和专业知识，以及对已掌握的基础知识和专业知识进行补充或更新，以适应新的工作环境和满足新的工作需要。主要包括各项服务制度和规定、各类服务检查考核标准、服务投诉及案例分析、票务管理规定等。

2. 技能培训

技能培训是最核心的培训。其任务是帮助服务人员掌握和灵活运用专业技术，其目的是使服务人员把知识转化成能力，进而转化为优质的服务。主要内容包括驾驶操作规程、服务礼仪及行为规范、普通话及服务用语、公共交通常用英语及哑语、公共交通线路走向及换乘、常见服务问题处理、与乘客沟通的技巧等。

3. 态度培训

态度培训也是最基本的培训。其主要任务是培养服务人员积极向上的工作态度，树立理解乘客、服务乘客的服务意识。主要内容包括职业道德教育、服务意识培训、心理调节培训、乘客心理分析等。

四、服务培训的实施

1. 服务培训的模式

对于较大规模的城市公共交通企业来说，因企业规模大、人数多，大多采用总公司（集团公司）、运营公司、车队定期或不定期的三级服务培训模式，如果某一方面的服务问题比较突出，需要培训的人数众多，一般由总公司（集团公司）统一进行培训；如果出现的问题只是个别现象，人数较少时，则可以由车队负责进行培训；运营公司培训介于总公司（集团公司）和车队之间，适时进行。

2. 服务培训的方法

由于公共交通企业的服务培训具有长期性和持续性，为避免参训人员产生厌倦情绪，应根据培训内容采用灵活的培训方法，主要的培训方法有讲授法、演示法、案例法、讨论法、视听法、角色扮演法、拓展训练法等。在一堂培训课中，可以结合使用多种方法，例如在知识培训中，可以采用讲授法和案例法；在技能培训中，可以采用演示法和角色扮演法；在态度培训中可以采用讨论法和拓展训练法等。在采用这些培训方法时，应注意适用的对象、场合、范围以及培训方法背后蕴涵的培训目的。每一种培训方法都存在自身的局限性和有效范围，只有对各种培训方法进行创造性的灵活运用，才能收到良好的培训效果。

五、服务培训的评估

服务培训评估是培训的最后一个环节，是运用一定的方法对培训效果进行检查和评价，公共交通企业主要从三个层面对服务培训进行评估。

1. 学习层面评估

学习层面的评估主要是测评服务人员通过培训学到了什么，可以采用试卷问答、模拟操作、撰写培训心得等方式。这一层面的评估是最基本、最直观的评估。

2. 行为层面评估

行为层面的评估主要是测评服务人员是否将培训所学到的东西用到了实际工作中，在服务工作中是否有改进。这一层面的评估主要通过公共交通企业相关部门的检查来实现，可以采用跟车检查、驻站检查、智能监控检查等方法。

3. 结果层面评估

结果层面的评估主要是反映培训为企业带来了怎样的变化和效果，主要是通过公共交通企业各类目标的实现程度来评价，可以采用绩效考核、乘客满意度调查、培训前后服务指标的对照等方法。需要注意的是，从培训结束到效果显现，有一个或长或短的过程，在这个过程中，一些培训之外的因素（如新车投入运营，乘客满意度会相应提高等）也会对最终结果产生影响，因此在评估时应考虑这些因素。

第四节 城市公共交通乘客满意度调查

一、乘客满意度调查的含义

城市公共交通的乘客满意度是指乘客通过对城市公共交通

的感知效果或结果与其期望值相比较后，所形成的愉悦或失望的感觉状态。乘客满意度指数就是乘客满意水平的量化，是从消费者的角度来衡量服务质量。

公共交通乘客满意度是从乘客体验角度对公共交通各项服务的综合评价。由于城市公共交通服务水平的认定最终来自于乘客，所以针对乘客关心的各项因素，在定性、定量分析的基础上了解乘客的满意度，是不断提高公共交通服务水平的有效措施。

乘客满意度调查是公共交通行业实施公共服务评价行动中一项很重要的工作内容，主要是把企业的服务指标纳入到乘客满意度调查之中，把乘客满意不满意作为检验公共交通企业各项工作的唯一标准。

二、乘客满意度调查的目的

对城市公共交通服务质量和乘客满意度进行研究，是为了了解乘客的需求与期望，以及对服务现状的感受，然后利用统计技术，从中寻找和分析公共交通企业提供的服务与乘客的期望之间的差距，从而改进服务质量，继而提高乘客满意度，建立一种“评价—改进—提高—再评价—再改进—再提高”的持续循环评价机制。其意义在于：

（1）通过乘客满意度调查，有利于及时掌握乘客对公共交通服务的需求，并针对乘客的需求制订工作计划。

（2）通过对乘客满意度调查结果的评价，有利于公共交通企业了解服务短板，集中资源改进提高。

（3）通过乘客满意度调查得来的结果，可以作为公共交通企业考核线路以及驾乘人员服务质量的依据。

（4）通过对乘客满意度调查结果的分析研究，有助于政府等有关部门了解城市公共交通服务的现状，为有关部门出台政策、措施，促进城市公共交通发展提供依据。

三、乘客满意度调查的要求

1. 调查范围

为了使城市公共交通乘客满意度调查能全面、真实地反映公共交通服务水平和质量，除开辟不足两个月的新线路外，其余运营线路应全部纳入乘客满意度调查、考核范围。

2. 调查方式

在各大站点、乘车卡发售点、大型公共交通集散点采取现场询问和问卷调查的方式进行乘客满意度调查。每次调查地点的数量应根据城市规模、客流量等因素确定，一般来说，规模较大的城市每次调查地点的设置应不少于20个。

3. 调查周期

乘客满意度调查周期一般为每月一次，调查结果当月有效。如遇大型宣传活动，公共交通企业也可根据需要进行专项乘客满意度调查，调查结果也应计入当月考核。

4. 调查组织

由总公司（集团公司）的服务管理部门负责乘客满意度调查工作的计划制订、任务分配及组织实施，基层单位及相关单位具体执行。调查完毕后，资料由总公司（集团公司）的服务管理部门统一收集、录入、汇总、计算。

5. 调查纪律

为了充分发挥乘客满意度调查的作用，使乘客满意度调查结果能真实反映公共交通企业的服务质量，参与调查的相关人员应遵守以下纪律：

（1）凡参加满意度调查工作的人员，必须在指定地点按满意度调查表填写要求，积极、认真引导乘客填写，并保质保量按时完成调查任务。

（2）调查中要文明礼貌，耐心做好有关解释工作，杜绝与乘客发生纠纷等行为。

（3）工作尽心尽责，降低废票率。

（4）公共交通企业员工不得参加满意度选票的填写。如发现作弊现象，严肃追究有关人员的责任。

四、乘客满意度调查表的设置

总公司（集团公司）服务管理部门负责设计《乘客满意度调查表》。根据乘客对公共交通服务的需求，满意度调查应设置服务、卫生、安全行车、车厢拥挤度、行车间隔、公共交通车况、其他等项目，每项内容应根据乘客的关注程度设置合理的分值。乘客满意度调查项目及分值设置样表如表4-4所示。

乘客满意度调查项目及分值设置样表 表4-4

服务	卫生	安全行车	车厢拥挤度	行车间隔	公共交通车况	其他	总分
20分	20分	20分	10分	10分	10分	10分	100分

需要注意的是，每条线路的配车数和车辆状况各不相同，这就需要服务管理部门根据实际情况调整各项内容的分值。例如，可根据车辆技术状况、配车数、日班次、日运量等因素划分线路等级，再根据线路等级调整各项调查内容的分值，以保证公平、真实地反映服务质量。

根据以上内容，编制乘客满意度调查表，如表4-5所示。

为保证调查结果能更好地反映乘客的意见和各条线路的服务质量，规模较大的城市每次发放乘客满意度调查表应不少于3000份，每条线路满意度调查表发放数量不少于该线路日客运量的5‰。中小规模城市的公共交通企业可根据实际情况确定调查表的发放数量。

乘客满意度调查表　　表4-5

调查地点：

<table>
<tr><td rowspan="3">分类
结果
线路</td><td rowspan="3">满意</td><td rowspan="3">不满意</td><td colspan="7">不满意原因</td></tr>
<tr><td>服务</td><td>卫生</td><td>安全行车</td><td>车厢拥挤度</td><td>行车间隔</td><td>公共交通车况</td><td>其他</td></tr>
<tr><td>20分</td><td>20分</td><td>20分</td><td>10分</td><td>10分</td><td>10分</td><td>10分</td></tr>
<tr><td></td><td></td><td></td><td></td><td></td><td></td><td></td><td></td><td></td><td></td></tr>
<tr><td></td><td></td><td></td><td></td><td></td><td></td><td></td><td></td><td></td><td></td></tr>
<tr><td></td><td></td><td></td><td></td><td></td><td></td><td></td><td></td><td></td><td></td></tr>
<tr><td></td><td></td><td></td><td></td><td></td><td></td><td></td><td></td><td></td><td></td></tr>
<tr><td>意见或建议</td><td colspan="9"></td></tr>
<tr><td>备注</td><td colspan="9">1. 每次调查需写明跟车调查或调查站点；
2. 若在“其他”一栏内打“√”，请用文字表述出不满意原因</td></tr>
</table>

五、乘客满意度调查表的统计

首先对收回的调查表进行整理，对于不按规定填写的调查表，按废票处理，有效调查表总数在80%以上时，本次满意度调查方可视为有效调查。整理完毕后，由服务专业管理部门对调查数据进行分类、汇总和统计，分别计算出乘客对总公司(集团公司)、运营公司、车队和线路服务的满意度，并形成分析报告。乘客满意度的结果应作为每月服务质量考核的重要指标。

乘客满意度选票根据所得分值可分为五个范围，即非常满意、比较满意、一般满意、不满意和很不满意。各范围分值划分如表4-6所示。

乘客满意度区间分值及结果 表4-6

非常满意	比较满意	一般满意	不满意	很不满意
100	99~90	89~71	70~60	59~0

满意度计算公式为：

乘客满意度=（非常满意票数×1+比较满意票数×0.8+一般满意票数×0.5+不满意票数×0.2+很不满意票数×0）/总票数×100%

实践中，国内一些公共交通企业在计算乘客满意度时，还常将“责任投诉”、“投诉总量”等指标纳入满意度评判范围。如某公共交通企业规定，线路在当月如有责任投诉，每发生一起乘客满意度降低2个百分点，累计计算；线路当月的投诉总量应在该线路运营驾驶员总数的7%以内，每超1个百分点，乘客满意度降低2个百分点，累计计算。

通过对乘客满意度的调查、测评和分析，可以及时掌握乘客对企业运营服务的需求和满意程度，为企业改进运营服务工作和经营发展决策提供依据。

第五章　城市公共交通服务管理信息化

第一节　信息化在城市公共交通服务管理中的应用

城市公共交通是城市重要的基础设施之一，是城市交通结构中的重要组成部分，是改善城市投资环境、发挥城市功能的物质基础，也是城市经济社会赖以生存、发展的基础。城市公共交通企业的主要任务是为城市经济建设、社会发展和人民生活提供服务，努力为乘客提供优质的乘车条件，最大限度地满足社会对城市客运的需求。

随着我国经济的不断发展，城市化进程的不断加快，人民生活水平的不断提高，无论是政府还是市民，都对城市公共交通提出了更多的要求。因此，城市公共交通如果不进行宏观外部环境的改善和企业经营发展机制的不断改革，就会严重制约城市公共交通的健康发展，从而影响城市经济的快速发展。这就要求我们要不断开创城市公共交通发展的新模式，努力实现公共交通事业的新发展。

信息化是我国加快实现工业化和现代化的必然选择。坚持以信息化带动工业化，以工业化促进信息化，走出一条科技含量高、经济效益好、资源消耗低、环境污染少、人力资源优势得到充分发挥的新型工业化路子，不仅对我国工业企业有重要意义，对于城市公共交通实现跨越式发展也具有十分重要的意义。信息化是实现公共交通现代化的必然选择。

近年来，交通运输部相继颁发了《公路、水路交通信息化工作指导意见》、《交通（公路水路）信息化建设指南》、《中国交通电子政务建设总体方案》等，这些文件在推动交通信息化的进程中发挥了重要作用。

2009年12月24日，交通运输部召开交通运输信息化工作专题会议。交通运输部部长李盛霖出席会议并强调，要高度重视信息化在新时期交通运输发展中的地位和作用，切实加强资源整合与信息共享，加快交通运输信息化建设，全面提升交通运输行业决策分析能力、运行保障能力、安全应急能力和社会服务能力，大力推进现代交通运输业发展。

据美国工业与制造学会提供的资料，完善的信息化可为企业降低12%的成本、减少10%的管理人员、提高10%～15%生产能力、增加4%～20%的利润。公共交通企业的数据处理和信息处理约占整个企业管理决策内容的70%，运用计算机技术进行处理，可使管理人员从面向数据和报表转向面向实物和市场，可以大幅度提高企业的经济效益和公共交通服务水平。

智能交通系统（Intelligent Transportation System，简称ITS）是近年来发展起来的一门新兴科学。它将先进的信息技术、数据通信传输技术、电子控制技术、传感器技术以及计算机处理技术等有效地综合运用于整个运输体系，从而建立起一种在大范围内全方位发挥作用的实时、准确、高效的运输综合管理系统。我国政府对此也给予了高度重视，已将智能交通系统建设作为未来交通建设与发展的优先领域予以重点支持。

智能公共交通系统作为智能交通系统重要的子系统之一已成为缓解城市交通拥堵、提高城市公共交通服务水平的重要手段。所谓智能公共交通系统就是在公共交通网络分配、公共交通调度等关键理论研究的前提下，利用系统工程的理论和方法，将现代通信、信息、电子、控制、计算机、网络、GPS、GIS等新技术集成应用于公共交通系统，通过构建现代化的信息管理系统和控制调度模式，实现公共交通调度、运营、管理的信息化、现代化和智能化，为出行者提供更加安全、舒适、便捷的公共交通服务，从而吸引更多人选择公共交通工具出行，缓解城市交通拥挤，有效解决城市交通问题，创造更大的社会效益和经济效益。

2006年，为了服务2008北京奥运会，缓解交通拥堵状况，提升公共交通信息服务水平，北京市相关部门共同研究制订了面向奥运的“智能交通建设总体架构”，以“实现赛事交通和社会交通和谐运转”为目标，大力推进公共交通行业智能化建设，在奥运中发挥了实际效益。北京市先后完成了奥运交通服务网站、奥运交通服务热线、奥运公共交通调度系统、以手机和互联网为代表的个性化交通信息服务系统等多项重点工程的建设，集中服务于奥运交通运输组织和出行保障等工作。该系统应用了许多先进的智能公共交通设备和终端系统，取得了较为有效的成果。

智能公共交通系统由智能调度管理系统、车辆安全运行监控系统、乘客信息服务系统、办公自动化系统等组成，具有自动语音报站、客流量统计、班车路线管理、班车路线统计、实时视频监控、车辆调度管理、超速报警、指定线路行驶、油量监控、排班调度、驾驶员管理、文字信息显示、图像传输等功能，本节主要介绍在城市公共交通企业服务管理中应用最广泛的几项功能。

一、智能调度管理系统

公共交通智能调度管理系统是在对公共交通原有信息系统

优化的基础上，运用系统工程理论将交通流诱导技术、差分GPS定位技术、GIS及地图匹配技术、公共交通运营优化与评价技术、计算机网络技术、数据库技术、通信技术、电子技术和智能卡等先进技术科学集成，形成集智能化调度、信息服务、网络通信于一体的公共交通管理系统。智能调度系统构成如图5-1所示。

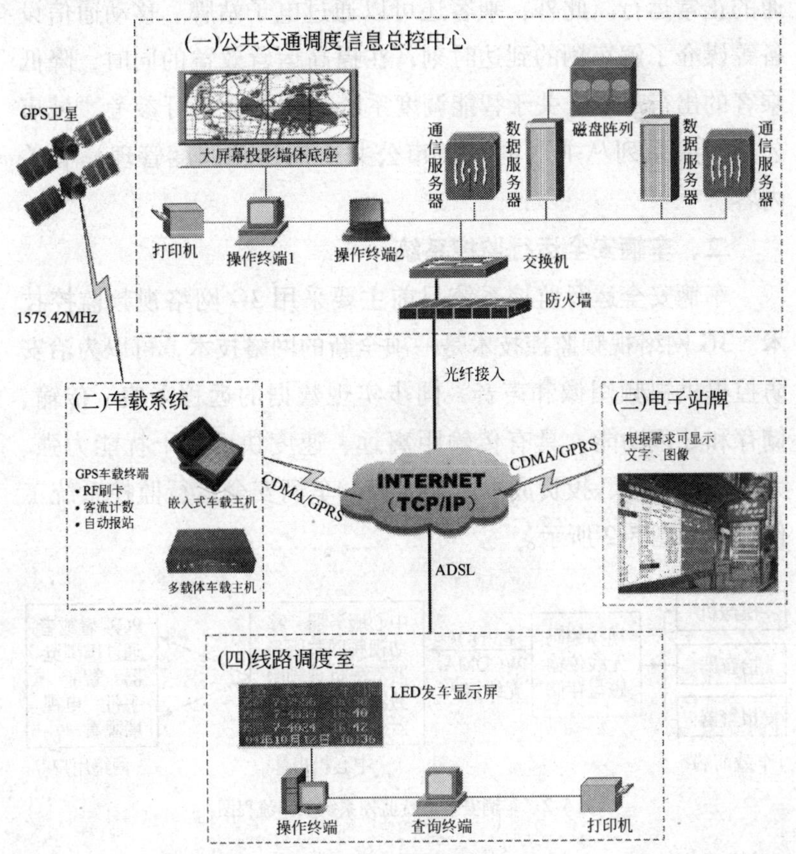

图5-1 公共交通智能调度系统构成图

公共交通智能调度系统从根本上改变了传统的调度方式，

实现了对公共交通车辆运行情况和道路通行情况的实时监控。公共交通智能调度系统可以根据客流、道路、运力等情况自动生成公共交通运行计划，并对公共交通运行计划执行情况进行监督。当出现各类影响公共交通运行的情况（包括拥堵、大型社会活动和突发自然灾害及社会事件等）时，及时采取恰当措施（指挥车辆调整运行速度、调整控制班次等），保证公共交通的正常运行。此外，乘客还可以通过电子站牌、移动通信设备等媒介了解车辆的到达时刻，在提高运营效益的同时，降低乘客的出行成本。关于智能调度系统具体的介绍可参考“城市公共交通系列丛书”的《城市公共交通运营调度管理》有关内容。

二、车辆安全运行监控系统

车辆安全运行监控系统目前主要采用3G网络视频监控技术。3G网络视频监控技术是一项全新的网络技术，可以为治安防控提供视频图像和声音，同步实现数据的远程采集、传输、储存和处理功能，具有传输距离远、速度快、抗干扰能力强、无需铺设电缆、投资成本低等优势。车辆安全运行监控系统工作流程如图5-2所示。

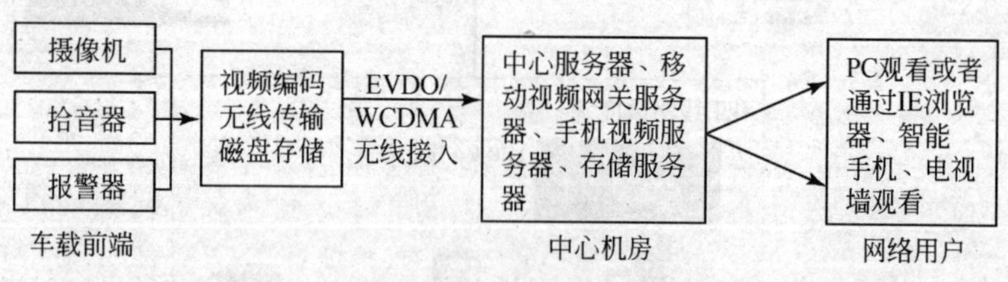

图5-2 车辆安全运行监控系统工作流程图

车辆安全运行监控系统通过3G网络视频监控技术，并配以车载主机、行驶记录仪、视频监控、客流计数器等多种车载信息化设备，可以提高公共交通车辆行车安全系数、降低行车安全事故；提高公共交通车辆的准点率和管理效率；全面记录和收集驾驶员行车过程中的操作信息，为安全管理、均衡运营提供科学翔实的数据；为建立科学的公共交通运营模式提供依据。

车辆安全运行监控系统作用主要有以下几点：

（1）能够自动记录和收集驾驶员行车过程中的操作信息，为安全管理、均衡运营提供科学翔实的数据，提高公共交通车辆行车安全系数，预防、降低行车事故。

利用无线监控设备（摄像头）的视频信号，通过无线通信网络传输，把数字视频信号通过3G网络传输到互联网，就可以实时监视网络另一端传来的图像，实时在线查看现场情况，实时记录、监督公共交通车辆安全行车过程。驾驶员出现违规操作行为可及时报警或提醒，警示驾驶员自觉遵守安全操作各项规定，保证公共交通车辆匀速运行，安全运行，提升了安全管理工作的科学性和有效性，提高了公共交通车辆行车安全系数，降低交通事故发生率。

（2）能够自动记录并分析载客情况，为提高运营管理效率、建立科学的公共交通运营模式提供依据。

通过安装在公交车上的客流计数器（图5-3），可以采集公共交通车辆的上下客视频信息，并传送至服务器保存。客流计数器上的摄像头具备红外功能，可以确保在光线昏暗时也能准确记录公共交通车辆的载客数据。通过此功能，可以使公共交通企业的运营服务部门精确掌握每辆公交车的客流状况，为提高公共交通车辆的运营管理效率、建立科学的公共交通运营模式提供了依据。

图 5-3 客流计数器

(3) 能够自动记录驾乘人员服务情况，及时收集车厢内温度、拥挤度、车辆尾气烟度等信息。

通过实时传输的视频画面和公交车上配备的行驶记录仪(图 5-4)，可以对驾乘人员的车厢服务质量，车厢内各项指标，公共交通车辆超速、早点、晚点、滞站、越站及异常行驶轨迹等情况实施动态监控，及时纠正和处理各种违章违规现象，规范运营秩序，提高公共交通车辆的准点率和车厢服务水平。

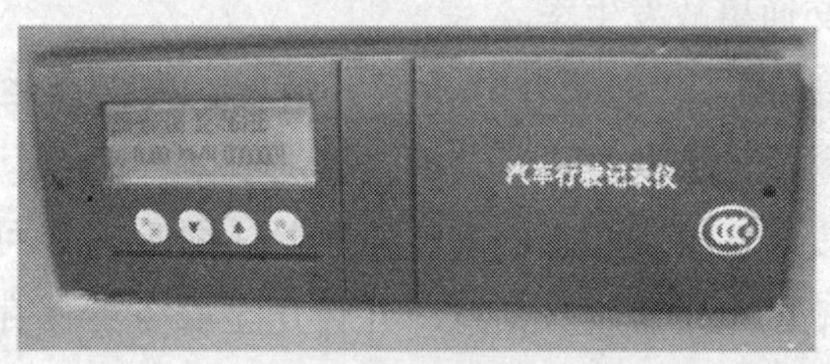

图 5-4 行驶记录仪

(4) 能够自动记录乘车秩序等方面信息，防范或减少车内纠纷、扒窃、抢劫、爆炸、施放有害物质及其他危及乘客生命财产等事件的发生。

在驾驶操作位置安装有驾驶员报警按钮，当发生犯罪嫌疑人实施犯罪等危险情况时可按动按钮，报警信息和视频图像会上传至监控报警中心，并通过专有网络上报公安110监控中心，实现实时接警和出警，及时传输的现场视频、音频等信息还可作为公安民警执法和取证的依据。

三、乘客信息服务系统

乘客信息服务系统主要由服务机构（如公共交通客服中心、公共交通热线、公共交通网站）、公共交通电子站牌，以及安装在公交车上的信息化设备（如智能车载主机、车载电视、站节牌、车载LED信息屏等）等组成。乘客信息服务系统可以帮助乘客便捷地获取换乘信息，找到适合自己出行的最佳方案，从而为乘客提供更加完善便捷的信息服务。

1. 触摸屏查询系统

触摸屏查询系统通过多媒体技术，将图像、动画、视频、解说、音乐、文字等多种信息进行整合应用，以多媒体触摸屏方式交互查询，将触摸屏一体机安装在公共交通服务大厅或公共交通站台，乘客可以通过简单的操作界面方便、快捷地查询相关公共交通信息，如线路换乘信息、站点名称、线路走向图、各类电子车票办理及退换规定等。

2. 公共交通热线

乘客可拨打公共交通专用热线询问乘车信息、进行服务投诉、提出意见或建议等，同时公共交通企业可以通过统计每日的电话、咨询、投诉数量或类别等情况，分析出乘客的潜在需求并制订相应的措施，从而提高公共交通的服务水平。公共交通热线系统具有以下特点：

（1）采用数字信号传输，传输速度快，传输信号稳定，通话质量高。

（2）设有自动语音应答系统，可以随时为乘客提供服务。

（3）自动服务分流和智能呼叫处理功能可以根据规则把来电分配到各个坐席或自动语音应答系统，既保证了电话顺利接入，又保证了热线接听工作有序进行。

（4）录音服务器可以实时对通话进行录音并保存，为日后处理问题提供依据。

（5）公共交通热线工作地点装有 LED 显示屏，实时显示电话接听数量和各类公共交通服务信息，便于热线工作人员解答乘客的问题。

3. 公共交通网站

通过公共交通网站，乘客可以查看公共交通相关新闻，了解公共交通发展情况，查询线路站点及换乘、线路调整等信息，还可以通过交流论坛，为公共交通献言献策。公共交通网站不仅可以为乘客提供全面的公共交通信息服务，还在企业与乘客之间搭建了一个及时沟通的平台，在方便乘客的同时，推进了企业的进一步发展。

4. 公共交通短信服务平台

公共交通短信服务平台实现了用手机查询公共交通线路和换乘信息的功能，乘客只要通过手机发送短信，公共交通短信服务平台会立即将所查询的信息以短信、彩信等方式，回复到乘客手机上，使乘客获得最佳乘车方案，实现了“一机在手，乘车无忧”。

5. 公共交通电子站牌

公共交通电子站牌的设立不仅方便了乘客，提升了服务水平，而且进一步改善了公共交通服务形象，并从一个侧面反映出一个城市的管理服务水平和信息化建设水平。通过公共交通电子站牌配置的大屏显示器，乘客可以及时准确地获取乘车信息、路况信息、来车预报和最佳出行方案等信息。

电子站牌分为LCD式和LED式。

（1）LCD式电子站牌（图5-5）终端界面分为三个基本区域：主显示区、边栏显示区和底边显示区。

主显示区功能：提供4∶3比例的流媒体播放窗口，插放高精度视频片断、广告幻灯片、大型数据图表或交通地图信息等。

边栏显示区（公共交通信息区）功能：显示来车预报信息、文字信息、图片信息和小型动画，如天气预报、交通状况、新闻等。

底边显示区功能：提供滚动的文字信息，如系统公告等。

各显示区内容可根据实际情况进行调整。

除上述功能外，电子站牌还具有以下功能：

①一键查询：乘客通过按键，可获得多种从本站至所达站点的公共交通线路及换乘方式，系统在出行查询后可自动显示乘客所查站点区域地图及相关出行信息。济南某处站点查询页面如图5-6所示。

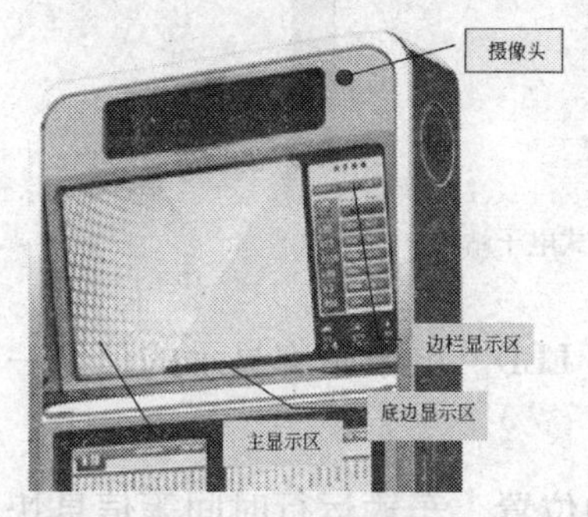

图5-5 LCD式电子站牌

图5-6 济南某处站点查询页面

②定位查询：乘客通过按键可以确定自己处于城市的位置。

③智能客流监控系统：在公共交通电子站牌顶部安装摄像头，可以通过站台图像识别技术进行客流统计。

（2）LED 式电子站牌（图 5-7）：

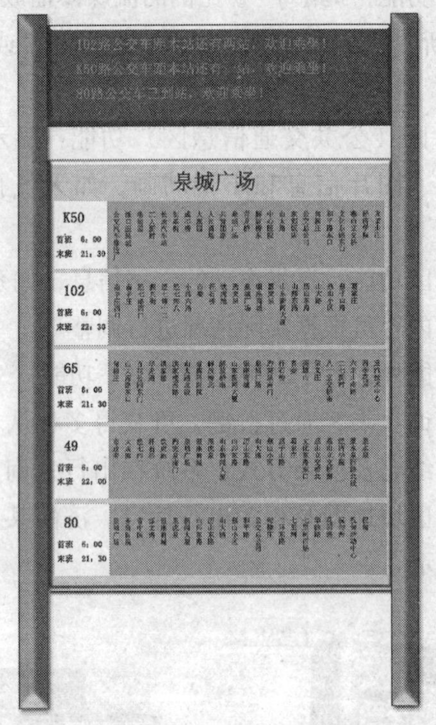

图 5-7　LED 式电子站牌

①采用双面显示、多行点阵 LED。电子站牌显示的信息一般每 15s 更新一次。

②可将公共交通运营车辆的位置、车辆运行时间等信息快速、准确地显示给正在候车的乘客，还可显示正在向本站驶来的公交车所在位置和到达本站的距离。

③可根据需要显示其他宣传信息。

6. IC 卡电子车票系统

目前，IC 卡已在城市公共交通领域广泛应用。IC 卡具有存储安全、读写次数多等特点，公共交通企业采用 IC 卡管理系统(图 5-8)实现刷卡收费，为公共交通企业和广大乘客带来了很多便利，主要体现在：

(1) 电子车票可一次充值，多次使用，减少了现金的流通量和点钞工作量，乘客刷卡乘车，解决了“找零难”问题。

图 5-8 安装在公交车上的 IC 卡收费机

(2) 整个刷卡交易过程不足 1s，可以大大提高乘客登乘速度，减少车辆停站时间，从而提高车辆的运行效率。

(3) 车载收费机可以及时储存每次刷卡交易的卡号、车号、乘车时间及卡内余额等信息，这些信息可以帮助公共交通企业分析客流，优化线网布局和制订、修改车辆调度计划，不断提高公共交通服务水平。

7. 车载主机

车载主机（图 5-9）通过 GPS 定位、GPRS 传输及处理信

图 5-9 车载主机

息，具有自动预报站及报站，播报服务用语，向LED屏传输报站及服务用语，接受客流计数器的客流信息，向调度中心传输车辆的定位信息及车辆行驶信息，与调度中心通过短信或语音联系，实时监控车速，超速提醒及报警等功能。

8. 车厢服务LED屏

车厢服务LED屏（图5-10）与车载主机相连，当报站器进行预报站、报站以及播报服务用语时，LED显示屏收到来自报站器的信息并显示相应的预报站、报站信息和服务用语。

图5-10 车厢服务LED屏

9. 站节牌

站节牌（图5-11）与车载主机相连，当报站器播报到站语音时，站节牌相应站点的提示灯亮起，随即站点指示灯会向站节牌上标识的终点站方向依次亮起，提示乘客车辆行驶方向。

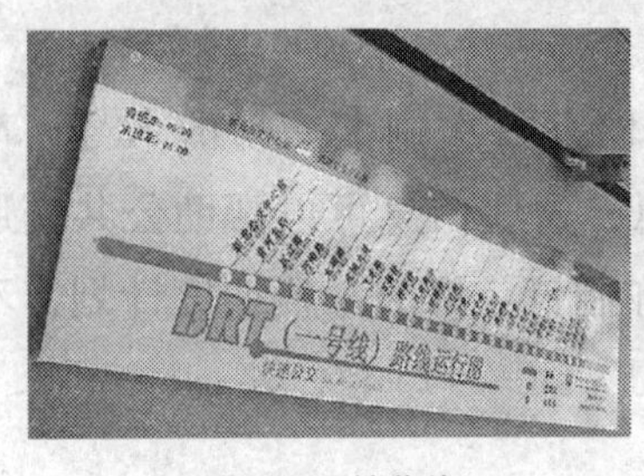

图5-11 站节牌

10. 车载电视

车载电视（图5-12）播放公益广告、新闻、公共交通乘车知识、安全乘车和文明乘车常识等节目，车载电视丰富了车厢文化，为乘客营造了良好的乘车出行环境。

11. 车载乘客自助服务设施

安装在公交车座椅背后的车载多媒体互动触摸屏（图5-13），具有查询信息和文化娱乐功能。

图 5-12 车载电视

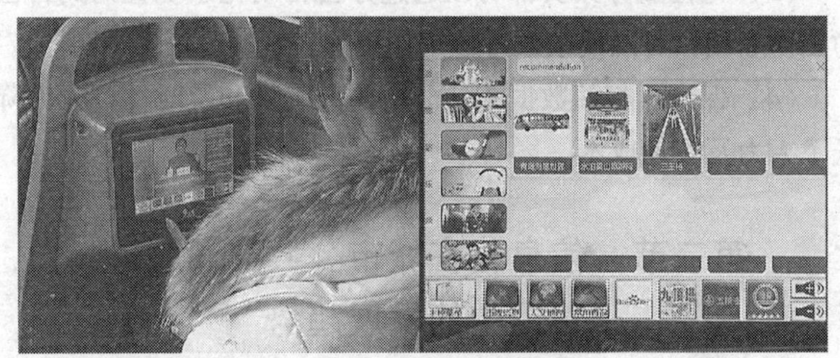

图 5-13 车载多媒体互动触摸屏

四、办公自动化系统

办公自动化（Office Automation，简称 OA）是将现代化办公和计算机网络功能结合起来的一种新型的办公方式。通过实现办公自动化，可以优化现有的管理组织结构，调整管理体制，在提高效率的基础上，增强协同办公能力，强化决策的一致性，最后实现提高决策效能的目的，是衡量一个企业现代化管理程度的标准之一。

在公共交通企业服务管理活动中，可以利用办公自动化系统对服务基础数据进行统计分析，实现对运营公司、车队、线路乃至驾乘人员的绩效考核。在日常服务管理工作中，智能调度系统、车辆安全运行监控系统实时采集并保存驾乘人员车厢服务、安全行车、车辆发车准点率、返回准点率、到站准点率、滞站时间等相关服务信息，通过办公自动化系统对这些信息进行统计和分析，可以实现以下功能：

（1）为公共交通企业改进服务工作、提升服务管理水平提供了数据支持。

（2）详细统计出公司、车队、线路乃至人员的绩效数据，为公共交通企业服务绩效考核提供了依据。

（3）每位服务人员都可以通过办公自动化系统查询到自己的工作业绩，可以使绩效考核工作更加客观、公正、透明。

（4）保证了相关数据统计分析的准确性和及时性，大大降低了人力及其他成本。

第二节　信息化在城市公共交通服务管理中的发展趋势

运用现代信息技术，把先进的管理理念和方法引入到管理流程中，可以有效地加强城市公共交通的内部管理，改善城市公共交通的服务体系，对城市公共交通的线网布局、车辆调度、运营成本、车辆安全等进行科学有效的预测、分析、监控，为公共交通企业经营管理和科学发展提供决策依据。

当前，城市居民对公共交通系统最大的不满主要就是公共交通服务水平低，例如出行速度慢、舒适性差、换乘困难等。在传统公共交通系统建设模式下，改善上述问题需要巨额建设经费的支持，其建设成效还要受到城市交通整体环境的影响。与之相对应，智能公交系统则是实现“公交优先”最有效的途径之一，也是费效比最显著的途径。

国家和政府高度重视智能交通行业的发展。2000年，科技部会同国家计委、经贸委、公安部、交通部、铁道部、建设部、信息产业部等相关部门，成立了全国智能交通系统协调指导小组及办公室，研究中国智能运输系统的发展。《信息产业科技发展“十一五”规划2020年中长期规划纲要》将“智能交通系统”确定为重点发展项目，要求“建立一个数据采集、收发、处理的综合交通信息系统平台，开发综合交通信息系统，建立系统整合技术，交通实时数据采集、融合、处理和控制技术，运载工具定位技术与智能导航技术，紧急救援管理系统技术等，提高交通系统的能力、效率和安全性”。2005年年底国务院发布的《国家中长期科学和技术发展规划纲要》(2006—2020年)，将交通运输业作为重点发展领域之一，把“高速轨道交通系统”和“智能交通管理系统”作为优先发展主题，要求重点研究开发高速轨道交通控制和调速系统、车辆制造、线路建设和系统集成等关键技术，重点开发综合交通运输信息平台和信息资源共享技术等，形成系统成套技术。

目前，我国的智能交通系统已从探索阶段进入实际开发和应用阶段。在城市公共交通方面，北京、广州、中山、深圳、上海、天津、重庆、济南、青岛、杭州等作为智能交通系统示范城市各自都进行了有益的尝试。未来我国智能公共交通系统发展趋势将以信息化、实时化为核心，以“人性化”为宗旨，逐步进行完善。

一、建设完善的公共交通智能调度系统

1. 通过智能决策系统，制订公共交通的行车作业计划和动态调度策略

基于对公共交通IC卡数据、车辆数据、监视数据，以及其

他经济、社会数据的分析与研究，应用关键数据特征提取、多维空间数据分析、数据聚类挖掘等先进的计算机软件技术得出科学、有效的空间交通态势部署图，合理规划与调整公共交通线路；即时得出公共交通发车时刻表，用于制订公共交通的行车作业计划和动态调度策略，将会进一步提升公共交通线路和调度配班工作的质量和水平，使线路规划和配班工作更加系统化和科学化。

2. 建立面向特征的时间预测和效率优化模型

城市公共交通系统是在城市整体道路网络中运营的系统，因此其运营必然受到城市路网状况的影响，针对城市公共交通导航系统的行程时间时效性特点，采用基于GPS的公共交通探测车行程时间数据采集方法，分析研究行程时间数据预处理、行程时间模型和路线平均行程时间模型，通过设计、构建和实现城市公共交通导航服务系统，验证基于最小换乘次数的公共交通换乘算法和行程时间预测模型的可行性，最终解决城市公共交通导航服务系统的路径导航及行程时间预测问题。

3. 将公共交通智能调度系统的建设、运营与城市规划紧密结合起来实施

目前国内城市投入使用的公共交通智能调度系统往往都是在现有传统公共交通设施基础上改建实施的系统，系统的使用、维护存在很多不足。只有从城市规划环节就开始考虑公共交通智能调度系统的建设，以及公共交通智能调度系统未来的运营，才能为公共交通智能调度系统的建设奠定良好的基础。因此，把公共交通智能调度系统的建设放于优先的位置，避免各分系统之间重复建设及相互干扰，使公共交通智能调度系统真正有效地发挥作用，将是信息化在城市公共交通管理领域使用推广的一个重要内容。

二、3G视频图像识别

目前大部分用于安全防范的视频监控系统基本上以“事后取证”为主要目的，显然当事件发展到“事后取证”阶段时就已经造成了严重后果，这是人们不愿意看到的。如何使视频监控的用途从“事后取证”变成防范事件的发生，如何使“安全防范”的措施真正起到“防范”的作用，智能视频分析系统的推广运用将能够满足上述预期目标。

目前，视频监控技术正在向数字化、网络化、智能化的方向发展。智能视频分析系统由目视解释转变为自动解释，是视频监控技术的飞跃，可以在公共交通安全运营方面发挥重要的作用。例如，系统的目标识别模块可以对侦测到的对象进行识别，并对目标的行为轨迹进行分析，也可以设定对特殊指定目标实现智能报警及报警联动功能；系统的行为识别模块可以对车内遗留物、车辆突然加速、车厢偷窃、斗殴等情况进行监测；系统还可以实现数据获取及视频搜索功能等。

三、公共交通IC卡系统的拓展

1. 一卡通

目前，“刷卡”已经成为人们生活中快捷、便利的支付手段与途径。我国很多城市已经把建设“城市通卡”作为发展目标，并逐渐把“金融支付”与“数字化信息”相融合，从而实现公共交通、地铁、小额消费和自来水、供电、煤气等公用事业收费的结算、身份验证、金融领域应用等功能。下一步，随着“城市通卡”的运营模式、智能卡技术、行业标准的发展和完善，智能卡的使用领域将更加广泛，使用将更加方便安全。

2. 手机支付

手机支付也称为移动支付（Mobile Payment），简而言之，就是允许移动用户使用其移动终端（通常是手机）对所消费的商品或服务进行账务支付的一种服务方式。随着中国电子商务的快速发展和移动网络应用的不断成熟，移动支付作为一项便民的增值服务，已成为新兴的最具发展潜力的业务。目前，公共交通行业已开始了手机支付的试点应用，并且使用效果良好，手机支付无疑将是公共交通 IC 卡支付的未来发展方式之一，这种现代化的支付方式将为人们带来更多便利。

四、移动应用研究

在企业办公、教育、医疗、零售行业、制造业、仓储业、金融证券以及包括石油、旅游等行业和产业应用领域中，越来越多的企业已经逐渐认识到，虽然他们所处的网络环境都或多或少地拥有各自的特点，但共性更多，尤其是对于支持移动终端和提高网络整体适应性等方面的要求。在实际的建网过程中，传统的网络布线结构受到了严峻挑战，在网络环境的内部，处于“游离状态”的移动办公设备不断增加，对于网络连接的自由性要求也进一步提高；而在外部，传统的布线方式也受到诸如宽广而开阔的承载空间、分离化的办公区域等不可改造的“自然因素”的消极影响，使网络建设技术难度和建设成本大幅增加。综上所述，当传统的网络布线方式遭遇条件相对特殊的应用环境时，就比较“捉襟见肘”。

随着 3G 和 WLAN 等无线通信技术的不断推广，无论是个人还是企业逐渐体会到移动信息应用的好处。据预测未来三年移动应用需求将呈现爆炸式增长，因此运用移动通信技术实现企业移动信息化将是未来的发展方向。未来几年，将在现有企业专用 VPN 局域网和广域网的基础上，研究使用无线组网的技术，在公共交通企业内部架构起无线局域网，为移动办公创造条件；推行移动办公系统（简称移动 OA，移动 OA 是利用手机、PDA 或笔记本电脑等移动终端通过无线网络实现的移动办公活动)，使办公人员摆脱时间和场所局限，随时随地进行信息的管理和沟通，大幅度提高工作效率；建立公共交通手机网站、手机 WAP 网站，使市民通过手机随时随地查询公共交通出行信息，了解城市交通概况，实现引导市民绿色出行的目标。

五、建设人性化、智能化的公共交通信息服务系统

未来的城市公共交通信息服务系统将向着“人性化、智能化”的方向发展，新时代的公共交通信息服务系统的核心将围绕公共交通实时数据的处理及多源数据的融合展开。

(1) 将公共交通信息服务从以静态信息为主的状态，转变为以实时信息为数据基础的动态信息服务模式。

利用城市智能交通系统的多源动态信息，未来的公共交通信息服务将实现以实时信息为数据基础的动态信息服务。动态公共交通信息服务其本质是将实时的公共交通信息经过处理，预测出公共交通系统未来的运营趋势，将动态的公共交通运营信息提供给乘客。

(2) 实现多种公共交通运输方式信息资源的融合，使得城市居民可以通过公共交通信息服务制订有效的出行计划。

目前城市的公共汽（电）车、地铁、机场、轮渡、铁路等相关部门的信息服务处于各自独立运行的状态，通过建设城市交通共用信息平台，将有望实现多种公共交通运输方式信息资源的融合。以此为契机，公共交通智能信息服务将能够为出行者制订完整的出行计划，实现市域范围、甚至区域范围内乘客高效、有计划地出行。

六、数字城市信息库

“数字城市”（Digital City）是一个概念，它是“数字地球”的一个组成部分，可以看作是一个系统工程或发展战略，

但不能看作是一个项目或一个系统。它可能包括了很多系统，但是要对它下一个确切的定义是很难的，也难以界定哪些是属于数字城市的内容，到了什么样的信息化水平可以看做是实现了数字城市。但它并不是一个虚拟的概念，也不是一个可望而不可即的东西，它是一个在未来城市建设和城市生活中随处可见、随时可用、无处不在的“系统”。“数字城市”是一个城市发展的战略目标，并有一个逐渐发展的过程，而且在发展过程中将会对城市建设、市民生活、经济发展带来效益和便利。

目前，国内外许多城市都在建设数字城市。数字城市是指将城市有关的信息，以数字的形式进行获取、储存、管理和再现，通过对城市信息的综合分析和有效利用，为提高城市管理效率、节约资源、保护环境及城市可持续发展提供决策支持。城市公共交通未来的发展方向是建立数字化公共交通，与数字城市信息系统、城市交警监控及信号控制管理系统、公共交通行业监管信息系统、城市公共交通线网规划研究系统进行连接，为城市管理和领导决策提供数据支持。

七、企业综合信息系统

充分利用已建成智能公共交通系统的多个模块，进行信息系统集成，加强对各种信息化设备的数据采集、传输以及分析处理，加快视频图像识别、物联网、云计算、数据挖掘等先进技术的研究和应用，提升数据采集、处理与分析能力，研究建设信息资源中心平台数据库，进行总体数据规划，并建立信息系统的标准规范，解决信息“孤岛”问题，实现信息的互联互通和综合分析运用，形成一体化的公共交通解决方案，不仅为企业管理与决策起到强有力的支撑作用，而且与数字城市信息系统、城市交警监控及信号控制管理系统、公共交通行业监管信息系统、城市公共交通线网规划研究系统进行连接，为广大市民提供完善的乘客信息服务，为城市管理和领导决策提供数据支持，实现数字化公共交通，最终成为数字城市不可或缺的组成部分。

总之，随着电子技术的飞速发展，公共交通服务的智能化、人性化水平亦随之提高。城市公共交通企业将充分应用现代化信息技术，以更高的标准提供智能、安全、节能、舒适、快速的公共交通运营服务，为市民的出行提供更加优质的公共交通产品。在未来，人们可以通过多种途径方便地查询到公共交通服务的各种信息，了解线路车辆到达的位置，车辆的拥挤程度等；可以通过站台公共交通智能服务系统随时了解车辆即将到达的时间；公共交通企业可以根据线路的客流情况及时有效地调整运行时间，使线路运行均衡，最大限度地减少乘客的候车时间；信息化的车厢服务系统，将使人们的出行环境更加舒适、更加安全、更加温馨惬意。

附录一　公共交通常用服务用语

（1）您好！

（2）欢迎您到××来！

（3）请投币！请将钱币展开！

（4）请往里走！

（5）为了让更多的乘客及时上车，请门口的同志尽量往里走，以免耽误时间。

（6）远道的同志请您往里走（远道的同志请往里换）。

（7）关门了，请当心。

（8）上车请买票。

（9）同志，您的月票过期了，请按章补票。

（10）您的孩子超高了，请给小孩买张票。

（11）各位乘客，现在是上（下）班的高峰期，人多拥挤，请大家互相谅解。

（12）您要去哪儿？

（13）您乘错车了，您应该乘××路车。

（14）别担心，到站我会叫您！

（15）我能为您做什么？

（16）您还有什么需要我帮助的吗？

（17）请您注意安全。

（18）不客气！

（19）没关系！

（20）这是我应该做的。

（21）谢谢！

（22）请大家遵守车内秩序。

（23）请不要在车厢内吸烟。

（24）车要转弯了，请您扶好、站好（请抓好扶手）。

（25）请不要扶门缝，以免挤伤了手。

（26）同志，为了您的乘车安全，请不要将头、手、胳膊伸出窗外，以免发生危险。

（27）小朋友，请回到座位上去。

（28）外面天气很冷，请大家不要打开车窗。

（29）请您注意保持车内卫生。

（30）同志，为了保证车辆的整洁，请您协助我们保持车厢内的清洁卫生，谢谢。

（31）请不要将果皮、纸屑扔在地板上。

（32）请注意保管好自己的行李、物品。

（33）您的行李超重了，请您按规定买张行李票。

（34）请把自己的物品看好，以免被盗。

（35）同志，请您把行李往里边放一下，以防他人挤坏您的东西。

（36）很抱歉，按规定易燃、易爆物品不能上车，请谅解。

（37）请您让让座，照顾一下这位老人，谢谢。

（38）这位同志身体不舒服（或行动不便），请给他让个座，谢谢。

（39）请哪位同志帮忙搀扶一下，谢谢！

（40）请您不要生气，慢慢讲。

（41）刚才我没听清楚，请再说一遍。

(42) 对不起，车辆刚刚出现了故障，让大家久等了。

(43) 给您带来不便，请您原谅。

(44) 感谢您的建议，我们一定加以改进。

(45) 非常感谢您的宝贵意见。

(46) 您该下车了（您到站了)。

(47) 请您带好物品下车。

(48) 请您慢点下车，注意安全。

(49) 再见!

附录二　公共交通分类服务用语

一、对不同乘客的称谓

驾乘人员在对乘客使用称谓时，应尊重他人、文明礼貌。由于全国各地用语习惯差异较大，难以统一，此处不再一一列举。

二、服务用语规范

1. 接待乘客上车的服务用语

（1）当车站上候车乘客多又都能上来时，要说："各位乘客，请不要拥挤，大家都能上车。"

（2）当上车乘客多而非常拥挤时，要说："各位乘客，请不要拥挤，先下后上，下一班车马上就来，上车乘客请注意好自己携带的东西。"

（3）当特殊乘客上车时，要说："请您慢点儿上，注意安全。"

（4）当乘客是外地人要说："对不起，我们是无人售票车，请您从前门上车，后门下车。"

（5）乘客站在车门口，需要疏导时，要说："请您往车厢里边走一走，以免关门夹伤了您。"或者说："请您往里走一走，谢谢。"

（6）当动员乘客往里走时，要说："请大家协助，往里走一走，照顾一下后面的乘客。"

(7) 提醒最后一位乘客上车时，要说：“请您尽量往上站，以免车门夹伤您。”

(8) 当乘客跑来赶车时，要说：“您慢点跑，我们的车在等您。”

(9) 不慎关车门夹着乘客时，要说：“对不起，请原谅。”

(10) 由于晚点，要用减少停站时间来弥补时，要说：“各位乘客，这次车已晚点，请抓紧时间上、下车。”

(11) 动员乘客等下一次车时，要说：“对不起，请您协助一下，搭（坐）下一次车（下一趟、下一辆车）。”

(12) 当乘客上错车时，要说：“您坐错车了，应该坐××路车。”要主动安慰乘客，并详细介绍改乘地点及附近明显标志。

2. 票务用语

(1) 请乘客协助换零钱时，要说：“哪位乘客有×元零钱？请帮助兑换一下。”

(2) 当乘客帮助我们换零钱时，要说：“谢谢，请您查好、收好。”

(3) 乘客带的小孩已超购票标准时，要说：“这位同志，您的小孩已经超过儿童购票标准了，请您给他买张票。”

(4) 当乘客提出忘了带月票时，要说：“按乘车规定，请您补一张票。”

(5) 没看清乘客的月票，请其再出示月票，而乘客不满意时，要说：“对不起，因为没有看清楚，麻烦您了，请原谅。”

3. 对特殊乘客的服务用语

(1) 给特需乘客找座位时，要说：“谢谢，请哪位给××让个座。”

(2) 当乘客给病残乘客让座时，要说：“谢谢。”

（3）当中年乘客给抱小孩的乘客让座时，要以小孩的口气说：“谢谢阿姨、叔叔。”

（4）给孕妇找座时，尽量找中年妇女，并小声说：“请您给这位孕妇让个座。”然后对孕妇说：“请您坐这儿。”

（5）提醒带小孩的乘客注意安全时，要说：“同志，请您照顾好小孩，注意安全。”

（6）当遇到乘客怀抱的小孩睡觉时，要说：“请注意，不要让小孩着凉。”

（7）遇有乘客上车拿东西过多时，要说：“我帮您拿。”

（8）当乘客携带的东西容易碰脏别人衣服时，要说：“请您把东西放好，以免碰脏别人。”

（9）当乘客询问地点，自己回答不出来时，要说：“对不起，请您等一等，我给您代问一下。”

（10）当向其他乘客询问时，要说：“请问哪位乘客知道××在什么地方？”

（11）当乘客给予解答时，要说：“谢谢您！”

（12）当车厢有空座席请乘客坐下时，要说：“那位乘客，您到这边来，这儿有座位。”

（13）当车在途中发生故障时，要向车内乘客说：“各位乘客，这车坏了，对不起，请您坐后面（下次或下趟）车，车票有效。”

（14）当乘客发觉坐过站时，要说：“我使用司辅器报站，您可能没听见。对不起，让您多走一站路。”

（15）当乘客在车内抽烟时，要说：“请您不要在车上吸烟，车上抽烟不安全。”

（16）当车厢内乘客之间发生矛盾时，要说：“请都少说一句，由于我们服务不周，责任在我，请给我们多提意见”。

4. 对下车乘客的服务用语

（1）当特殊乘客下车时，要说：“请您扶好，慢点儿下。”

（2）乘客在繁华地区站点下车时，要使用司辅器对外宣传：“下车后请走人行道（边道），过马路时，请注意来往车辆。”

5. 行车中的服务用语

（1）当车辆行驶在繁华地区，要说：“各位乘客，前方道路拥堵，请站稳、扶好。”

（2）当车辆转弯时，要说：“各位乘客，前方车辆转弯，请站稳、扶好。”

（3）车辆出入站时，要使用司辅器对外宣传：“车辆进（出）站，请注意安全。”

（4）当乘客向我们表示歉意时，要说：“没关系。”

（5）乘客对自己工作提出批评基本属实时，要说：“您提得对，我们今后一定注意。”

（6）当乘客对我们运营管理工作提出批评意见时，要说：“您的意见很好，我们一定向领导反映。”

附录三　公共交通服务禁语

由于地域、语言差异等因素，本附录只列出部分较常见的服务禁语。

1. 乘客上车服务禁语

（1）快点！快点！

（2）快上！快上！

（3）上不上？不上下去！

2. 监督投币服务禁语

（1）快买票！抓紧，抓紧！

（2）投钱了吗？快投钱！

（3）喊你几遍了，没听见吗？

（4）没零钱，下去换去！

（5）你投了多少钱啊！

3. 疏导乘客服务禁语

（1）往里走，往里走！

（2）谁的东西，靠边拿！

（3）听不见吗？站在那里不动！

（4）都不往里走，那就在这等着吧！

（5）挤在门口干什么，前门又不能下。

4. 乘客上错车时服务禁语

（1）你怎么不看好就上车！

（2）上错车了，买完票再下去！

5. 回复乘客咨询服务禁语

（1）不知道！

（2）你问我，我问谁！

（3）问了几遍了？真烦人！

（4）不到站，后面等着去！

（5）下车问去！

（6）不知道，自己看站牌去！

6. 车辆紧急制动时服务禁语

（1）谁让你没有抓好！

（2）不抓紧了，摔着活该！

（3）这点伤算什么！又不厉害。

（4）你没看见前面有车嘛！

7. 应对乘客不合理要求时服务禁语

（1）就你事多！

（2）公司规定就是不行！

（3）别没事儿找事。

8. 对待特需乘客服务禁语

（1）不在家待着出来干什么！

（2）让孩子乱跑什么？

（3）你看不见吗？（对待盲人）

9. 乘客下车时服务禁语

（1）快下！快下！

（2）干什么呢，不早做准备！

（3）谁让你坐过站了？

（4）磨蹭什么，赶快下车！

10. 车辆中途抛锚时服务禁语

(1) 车坏了，都下去吧。

(2) 快点下车，别耽误时间。

(3) 坏了就是坏了，啰唆什么?

(4) 车坏了，我有什么办法!

11. 乘客提意见时服务禁语

(1) 别给我说，有事找领导去!

(2) 有意见提去吧，愿上哪投诉就上哪投诉!

(3) 我早就不想干了，告去吧!

12. 对待违章乘客服务禁语

(1) 坐不起车就别上!

(2) 喂! 把烟掐死!

(3) 谁的行李，过来补票!

(4) 没票，别想走。

附录四　公共交通常用服务术语

服务质量　在客运服务中的安全、快捷、方便、舒适、文明等方面的优劣程度。

服务合格率　服务质量符合要求的项目数与被考核项目总数之比。

车厢（客舱）服务合格率　在车厢（客舱）内外，服务质量符合要求的项目数（车数）与被考核项目数（车数）之比。

车厢（客舱）清洁合格率　在车厢（客舱）内外，清洁卫生符合要求的项目数（车数）与被考核项目数（车数）之比。

服务用语　在客运服务中使用的礼貌、文明、准确、规范的语言。

服务态度　在客运服务中表现出来的精神面貌和服务意识。

服务设施　为乘客服务的建筑物、构筑物、设备及标志等。

服务热线　向社会公开的随时为乘客提供咨询、监督、投诉等服务的专用电话。

服务标志　以简单、醒目、规范的图形或文字，给乘客必要的指示、提示或警示的标志。

提示标志　向乘客指示某服务场所或设施所在位置、工作状态或服务时间的标志。

导向标志　指导乘客去往某场所或设施的方向或路径的

标志。

警告标志 提醒、警告乘客注意预防某种危险的标志。

禁止标志 禁止乘客某种行为的标志。

公共交通线路图 标有公共交通线路、场、站的地图。

公共交通覆盖面积 在公共交通线路网上，以各车站为圆心，以一定的服务半径画圆所围成的总面积（重叠部分只计一次）。

公共交通覆盖率 公共交通覆盖面积与城市用地面积之比。

公交车辆保有率 城市居民平均每万人所拥有的标准公交车数。

车(船)况 公共交通车辆（渡轮）的车（船）体结构、机械动力装置及相关设施的技术状况。

车(船)容 车（船）内外设施的整齐、清洁、美观等状况。

站容 车站（码头）内外设施及环境的整齐、清洁、美观等状况。

仪容 客运工作人员的卫生、服饰及精神面貌等状况。

运营纪律 运营服务人员必须遵守的行为准则。

乘务纠纷 在车（船）运营中发生的乘务人员与乘客之间的争执。

候乘时间 乘客在车站、码头等候乘行的时间。

乘行时间 乘客在乘行距离中所花费的时间。

换乘时间 乘客在换乘中的步行时间与候乘时间之和。

换乘方便性 乘客在换乘时，在距离、时间、拥挤程度及换乘次数等方面的便利程度。

甩客 提前开车（船），在车（船）内尚有空位的情况下不等乘客上完就开车（船），或擅自甩站等致使乘客滞留的行为。

甩站 不停靠车站，致使乘客无法乘降的行为。

滞站 故意延迟运营车（船）离站的行为。

滞留乘客 因车（船）满员而不能上车（船）的乘客。

大间隔 行车间隔大于规定值的三倍。

乘客投诉 因对服务质量不满，乘客向上级机关或新闻媒体提出对运营方的申诉。

乘客满意度 在统计期内，对服务质量满意的乘客数占被调查乘客总数的百分比。

客运量 在统计期内，运送乘客的数量。计量单位：人次。

人次 一个乘客乘公共交通工具一次。是客运量的计量单位。

载客量 某时某地在运营车（船）内的乘客数。

满载率 载客量与额定载客量之比。

客运周转量/客运工作量 在统计期内，所有乘客乘行距离之和。即客运量与平均乘距的乘积。计量单位：人·公里。

人·公里 一个乘客乘行一公里。是客运周转量的计量单位。

运营车(船) 用于运营业务的全部车辆（船舶）数。计量单位：车（船）。

标准运营车(船)数 不同车（船）型的车（船）数分别与相应的车（船）型换算系数的乘积之和。

附录五 公共交通企业管理创新成果介绍

——公共交通企业提升服务水平的星级管理[1]

一、公共交通企业提升服务水平的星级管理背景

（一）是满足城市经济发展和群众出行需求的必然选择

随着人们生活水平的提高，广大群众对城市公共交通的需求发生了很大变化，由原来的“有车坐即可”，转变为追求公共交通出行的安全性、方便性、舒适性、快捷性和经济性。另外，由于社会经济快速发展，小汽车的急剧增长在给人们生活带来方便的同时，也给城市交通以及环境带来交通拥堵、空气污染、资源浪费等多种问题。城市公共交通在节约道路和土地资源、降低环境污染、减少能源消耗等方面具有无可比拟的优势。通过发展城市公共交通来解决城市交通、能源等问题已成为国际社会的共识。实行星级服务管理制度既是满足群众日益提高的出行需求的需要，也是坚持科学发展观、建设和谐社会和生态城市的需要。

（二）是实现行业发展目标的内在要求

公共交通是城市的一个重要窗口，其服务水平直接关系到城市的文明程度。2004 年建设部出台了《关于优先发展城市公

[1] 本文选自《国家级企业管理创新成果（2010）》。

共交通的意见》（建城［2004］38号文），2005年国务院办公厅转发了建设部等部门《关于优先发展城市公共交通意见》的通知（国办［2005］46号文），明确把城市公共交通定位为城市基础设施和社会公益性事业，提出了优先发展城市公共交通的战略。济南市公共交通总公司（简称“济南公交”）认真解决公共交通服务能力和水平不高等问题，实施星级服务管理，从制度建设和机制建设层面寻找解决问题的途径和方法。

（三）是实施公共交通品牌战略，实现企业可持续发展的重要手段

济南公交从战略高度出发，提出品牌建设战略和思路，积极打造公共交通服务品牌。提升公共交通整体服务水平。2004年，济南公交开始推行星级管理，在公共交通线路、驾驶员、修理工和车辆保洁员中推行“星级服务”奖励制度，从硬件、软件等方面全面提升济南公交的服务能力和服务水平，形成“后方为运行，机关为基层，全员为乘客”的全方位、立体化服务机制，全面提升企业的整体管理水平。

二、公共交通企业提升服务水平的星级管理内涵和主要做法

济南公交从乘客需求出发，按照经营活动要适应市场需求和变化，管理工作要围绕服务需求提升展开，员工薪酬要与服务质量挂钩的思路，构建以关键服务质量指标为核心的考评体系，对员工和公共交通线路分别实行五个等级的星级服务评价和管理，形成包括星级评定标准、星级晋升降级制度、星级考核奖惩、反馈等在内的体系，打造一个将社会需求、企业要求和个人成长愿望有机结合的发展平台；建立以管理变革带动经营转变，企业内部各项工作自我提升、公共交通企业再创业的经营管理新机制。主要做法如下：

（一）统一思想认识，提高服务意识

1. 认真学习贯彻中央文件精神，积极落实“公交优先”

战略

济南公交领导认为，“公交优先”作为贯彻落实科学发展观和建设节约型社会的一项重要举措，被提到前所未有的重视程度。因此，济南公交紧紧抓住“优先发展城市公共交通”这一重要发展机遇，一方面配合政府制订有关支持公交优先发展的政策和规划；另一方面加强公共交通自身建设，提高公交车辆和公交装备水平，努力提高服务能力，真正把国务院办公厅46号文件精神落到实处，努力为乘客提供“安全、方便、舒适、快捷、经济”的乘车条件。

2. 根据公共交通行业的特点，形成以乘客需求为导向的市场观

济南公交经过调研，认为企业要发展，就必须面向两个市场，对外要不断开拓客运市场，拓宽公共交通服务领域；对内要模拟市场运作，抓好管理。以群众的乘车需求为导向，推出学生专车、超市班车、小区公交、高峰跨线车和大站快车等新的服务形式，同时整合历城区公共交通，开通长清区和章丘市的公共交通线路，还开通对外叫车热线，承接各种社会包车业务，提高车辆的利用率，挖掘潜在效益。

（二）领导重视，重组组织机构，形成整体合力

1. 领导高度重视

济南公交各级领导高度重视，总经理亲自挂帅抓星级服务管理工作，并亲自主持方案和标准的制定及修订，建立调度会议制度，定期分析，及时调度，大力推进。同时将“争当星级驾驶员，争创星级线路”活动、“八大提升工程”、“七大保障体系”作为强化企业服务工作管理，提高服务工作水平，增强自主创新能力的重要载体，进行动员和部署，举办分析会、研讨会和经验交流会，进行推进。

2. 重组机构，为实施星级服务管理制度提供强有力的保证

为推动工作开展，济南公交建立领导小组和培训、检查考核等工作机构。以服务乘客为出发点，在原营运处的基础上充实力量，深化职能，组建营运市场部，并筹建乘客服务中心和稽查大队，增设车队服务管理员岗位，健全服务管理网络，搭建起与乘客交流的平台，加大对服务质量的检查和考核力度，进一步提高了公共交通对社会的综合服务功能。各单位按照“六到位”（即认识到位、组织到位、措施到位、工作到位、投入到位、服务到位）的要求，认真抓好各项工作的组织和落实，一把手亲自抓，分管领导具体抓，落实责任，形成党政工团齐抓共管的工作格局，为星级服务管理提供了坚强的组织保证。

（三）形成星级制度体系，设定星级服务管理标准

1. 建立星级管理制度体系

标准体系主要包括《运营驾驶员、运营线路星级标准》、《济南市公共交通总公司社会服务承诺制度》、《运营车辆服务设施管理规定》、《运营车辆卫生管理规定》、《星级驾驶员星级线路管理实施细则》等。

考核体系主要包括《星级线路乘客满意度调查考核办法》、《总公司星级服务考核评定补充办法》、《车辆卫生检查评分标准》和《驾驶员车厢服务检查评分标准》等。

星级管理将乘客的需要作为服务工作的着眼点和落脚点。依据乘客最基本的需求、从乘客出行的基本要求出发制订运营驾驶员、运营线路星级标准及社会服务承诺制度。

2. 选取关键指标，设定星级服务管理标准

依据运营驾驶员星级标准对驾驶员进行星级考核。考核指标主要选取工作量、规范服务、运营驾驶、车辆设施和燃料节

约五个方面设计指标体系。对公共交通线路星级考核的依据是运营线路星级标准。其考核指标与星级驾驶员标准所涉及的指标相类似，所不同的是其侧重整条线路的运营，在具体指标上又增加乘客满意度、驾驶员挂星率、安全操作合格率、车辆均衡运行（无运行大间隔和站点留客现象）、班次完成率（高峰班次完成率、全月班次完成率）等指标。

（四）打造学习型组织，建立健全职工教育培训机制

在推行星级管理制度的过程中，济南公交非常重视抓“两力”（知晓力和执行力）的落实，并将做好职工培训工作作为不断提高员工素质、提高“两力”的基础，将其列为“八大提升工程”中的重要工程之一。

1. 科学确定职工培训工作目标

职工是运营服务的直接实施者，要搞好公共交通服务工作，必须坚持以人为本，强化对职工的素质教育。一是加强职工的职业道德教育，提高职工的职业道德素质。采取职工轮训、岗前培训、车队例会等形式，对职工进行职业理想、道德、纪律和技能的教育，引导员工牢固树立“心系乘客、服务一流”的服务理念，增强搞好优质服务的自觉性、主动性，减少服务中的不文明、不道德、不规范行为，树立良好形象。二是加强职工的职业技能培训，提高职工搞好运营服务工作的本领。济南公交加强职工学校和职工培训中心培训职能，并与高校的专家和学者合作，编写职工教育系列培训教材，内容包括政治理论、经济管理、专业技能和职业道德等方面。根据每年年初制订的全员培训计划，开展各类人员的专业技能、服务技能、专业知识和工作规范等内容的系统培训。职工每年至少进行一至两次脱产培训。经常组织开展岗位技术练兵、技术比武活动，努力营造钻研技术、提高技能的浓厚氛围。

济南公交将星级管理列为培训的重要内容，按层次对分管书记和经理、运营科长和车队长、支部书记和服务管理人员及普通员工开展培训。为提升培训效果，济南公交还录制常用英语、哑语的教学光盘和《公共汽、电车驾驶员单程服务操作规程》录像片，编写出四、五星级驾驶员业务知识考核教材，分发到每一个车队，作为车队培训驾驶员的辅助教材。

2. 建立健全职工教育培训机制

根据培训对象安排培训计划，细化培训需求，建立健全培训工作体系。培训内容以语言艺术、乘客心理、服务礼仪、规章制度、操作规程、普通话技巧和疑难问题的处理技巧为主，以规范化服务为重点，教育广大员工牢固树立“规程”意识，增强严格按“规程”办事的自觉性。

加强管理人员的培训，努力提高管理人员素质。培训内容以提高市场意识、服务意识和执行力为主要内容，培养管理人员发现问题、分析问题和解决问题的能力。同时，采取“走出去、请进来”的办法，每年组织管理人员外出学习、考察，学习外地同行的先进经验。另外，推行管理人员责任追究和定期考评制度，解决管理人员素质不高的“出口”问题，努力建设一支素质过硬、工作作风扎实、管理能力较强的管理人员队伍，为全面提高管理水平奠定了基础。

（五）典型带动，形成人才成长机制

1. 抓好典型培养，提高职工争先创优的积极性

济南公交注重先进典型的示范带动作用，通过培养和宣传企业优秀员工，使职工学有榜样，赶有目标，达到以点带面、推动工作的目标。在开展“争当星级驾驶员、争创星级线路”的活动中，制订高星级获得者的培养目标，坚持每月对有关人员进行业务培训，注意将重点放在其综合素质的培养上。

2. 抓好典型宣传，营造争先创优的氛围

济南公交注意典型宣传工作，充分利用各种新闻和媒体渠道，定期宣传和报道高星级驾驶员的先进事迹和工作经验。通过召开职工大会、乘客座谈会、经验交流会、在《济南日报》开辟公共交通专版等形式，利用《济南公交报》、公共交通网站、简报、黑板报、车载电视及车身广告、公告栏等载体，大力宣传"公交优先、公交优秀"思想和企业服务理念，大力宣传实施星级服务管理的意义和要求，大力宣传先进人物和集体的先进事迹和工作经验，为开展"星级管理、星级服务"工作营造良好的氛围，努力形成典型引路、以点带面、全面发展的格局。

(六) 强化监督检查，为星级服务管理提供保障

1. 建立工作调度机制

济南公交建立领导小组和培训、检查考核等工作机构，加强检查和指导，定期召开调度会，及时研究解决星级管理制度推行过程中的问题。

2. 建立三级星级管理工作检查考核体系

(1) 检查体系。车队按照服务、车辆卫生、车辆日常维护和安全设施评分标准及要求对本车队员工进行检查，每月检查不得少于一次，检查覆盖率达100%；各运营公司每月对所属车队的服务检查覆盖率达60%以上；总公司每月对各运营公司服务检查覆盖率达30%以上。

(2) 考核体系。各车队和运营公司是星级服务考核和评定的具体组织者，负责本车队、本运营公司星级服务检查、考核工作；济南公交星级服务监督考核组负责四星级以上驾驶员和星级线路的监督、考核工作。

(3) 星级考核、评审的工作流程见附图1：

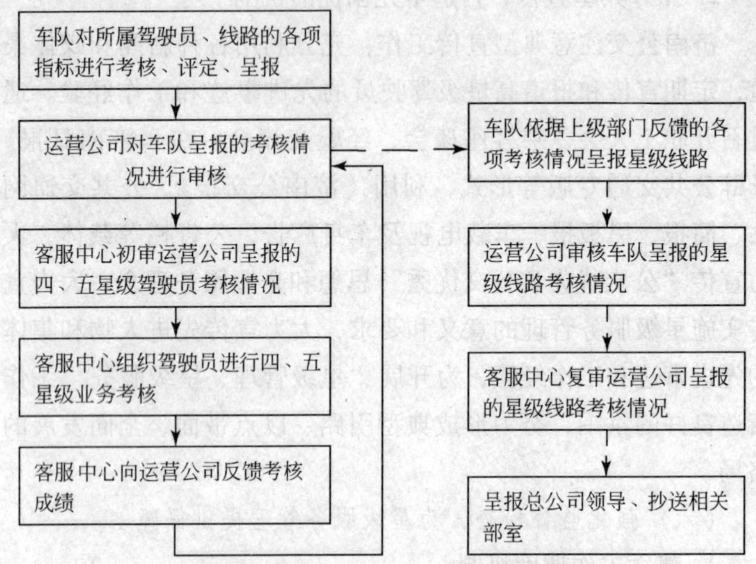

附图1　星级驾驶员、星级线路考核工作流程图

注：实线为第一工作流程，虚线为第二工作流程。

一是星级驾驶员的考核、评定工作。根据各运营公司上报的星级驾驶员考评结果和各项指标完成情况，进行检查和审核。同时要求各车队将每月考核结果张榜公布，接受职工的监督，切实做到公开、公平、公正。

二是星级线路的考核、评定工作。济南公交根据《星级线路管理暂行规定》，出台《星级线路乘客满意度调查、考核办法》，采取多种方式，广泛征求乘客意见。除各基层单位组织者外，每月在市区主要公共交通站点及月票发售处进行乘客满意度调查工作，将调查数据进行汇总、分析，作为考核各线路乘客满意度的重要依据。

三是管理人员星级考核。在领导人员中实行本职岗位责任和五项基本责任共同履行的制度；在运营公司和总公司部门管理人员中实行绩效评价制度，设定以岗位目标考核、“星级管理、星级服务”考核、综合目标考核、党风廉政目标考核和责任追究为主要内容的责任制考核体系，促进工作质量和工作效率的提高。济南公交对运营公司主要负责人的绩效考核每月进行一次，连续三个月绩效达不到考核标准的调离工作岗位。对各级管理人员的具体考核，每季度进行一次，年终进行总评。考核中，由职工对管理人员进行满意度评价，连续三个月满意度达不到70%的要调离管理岗位。

四是星级安全考核、评价工作。济南公交推行星级安全评价制度，建立季度安全生产工作重点和控制指标制度，切实落实各级安全生产责任制，有针对性地做好安全生产各项目标控制。

(4) 复审评定机制。四星级、五星级驾驶员的评定由车队将考核情况，月底前报运营公司星级服务考核组，经其考核评定后，报总公司星级服务考核组进行复查。总公司负责四星级以上驾驶员的业务知识测试和考核复审工作。

(5) 加大检查力度，创新检查形式。针对乘客满意度调查、乘客（热线）投诉、星级考核中反映出的问题，及时组织各单位相关管理人员对所属线路的车厢服务、卫生及安全情况进行互查。稽查大队对检查中发现的问题及时进行通报。各单位根据通报和互查结果查找问题，拿出措施，限期整改。乘客投诉处理工作流程见附图2。

(七) 建立科学的奖励机制和持久提升的长效机制

为保障星级管理制度顺利实施，济南公交的各级管理组织建立了严密的考评组织和完整的管理台账。对基层员工进行正激励，推行星级薪酬制，一星级奖励400元，每升一星增薪100元，最高五星级的星级奖励薪酬可达800元。对管理人员

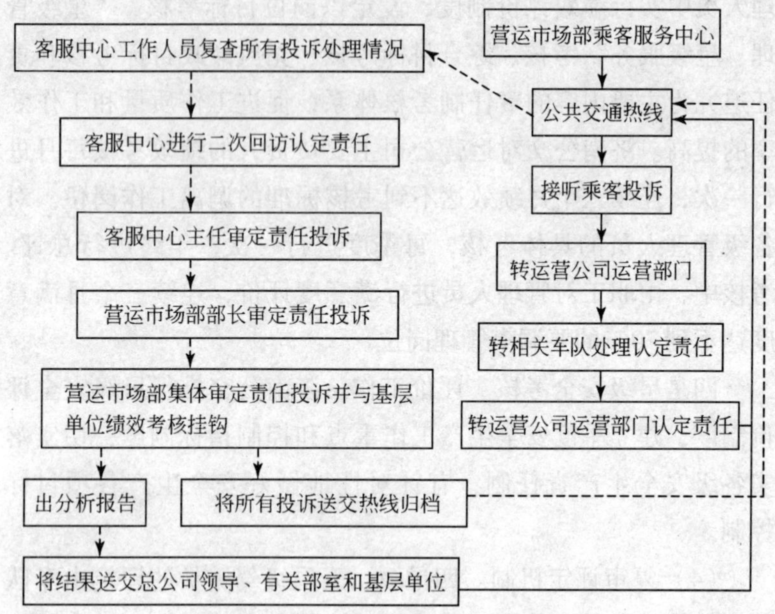

附图 2　乘客投诉处理工作流程图

注：实线为第一工作流程，虚线为第二工作流程。

实行绩效考评，正负激励相结合，考核合格的给予相应的奖励，考核不合格的给予相应的惩罚，奖励机制还体现在工人岗与管理岗的转岗定级上，将工人获星情况列为应聘管理人员等的依据。

在实行动态管理、形成长效机制方面，一是标准动态提升，星级动态管理。济南公交每年初都会对上年度星级管理制度的运作情况进行总结，对存在的问题进行分析，制定改进措施。根据企业年度工作目标对星级标准进行升级，形成本年度可操作性的规章制度。星级也并非固定不变，而是每月一考评。二是薪酬动态管理，每月一奖励。员工的薪酬与绩效挂钩，星级是动态的，薪酬也是动态的。如驾驶员的薪酬是与驾驶员当月的星级和线路当月的星级挂钩的，星级逐月变动，驾驶员的薪酬也就随之变动。

三、公共交通企业提升服务水平的星级管理效果

（一）运营能力全面提升，安全生产管理工作平稳

2004年以来，济南公交运营能力全面提升，比较好地满足了济南市社会经济发展和市民出行的需要。2008年济南公交线路长度达到3303.1km，增幅40%；公共交通线网长度达到1113.4km，增幅近72%；2008年运营车数4218辆，增幅47%；公共交通运营线路181条，增幅53%；公共交通客运量7.46亿人次，增幅40%；公共交通客运里程18207万km，增幅26%；公共交通线路重复系数为3.23，比2004年有所降低；中心城区公共交通线路网密度2.67km/km^2，建成区内，以300m为半径，公共交通站点覆盖率达到55%，以500m为半径，公共交通站点覆盖率达到84%。

同时，进一步夯实了济南公交安全生产基础工作，有效地规范了驾驶员的驾驶行为。据资料统计，驾驶员违章行为大大减少，安全操作合格率由2005年的92%上升为2008年的96%。控制和减少了一般道路交通事故，遏制了重大道路交通事故和重大生产安全事故，保持了安全生产形势的平稳。

（二）服务设施不断改善，服务质量持续提高

1. 车容车貌改观，车辆技术状况保持良好

各运营公司、车队按照星级管理标准，认真抓好车容车貌和车辆卫生，做到一趟一清扫，一日一清洁，脏车不上路，车容车貌焕然一新，卫生合格率均保持在96%以上。

济南公交完善了车辆技术管理制度，车辆技术部门加大了车辆管理力度和路查力度。同时整合资源，实施了运修分离，提高了车辆维修质量。广大驾驶员增强了爱车意识，认真坚持

“一日三检”制度，精心维护车辆，车辆技术状况大幅提升。济南公交加大了车辆尾气排放治理的力度，车辆尾气排放合格率达98%以上。

2. 服务质量逐步提高，服务意识显著增强

星级管理的推行，促进了服务过程和服务管理的规范化，促进了公共交通服务质量的稳步提升，乘客表扬增多，投诉下降。广大员工工作热情高涨，自我约束和自我规范意识越来越强，由过去的“要我去做”变为“我要去做”。2009年，济南公交又把“微笑服务”纳入星级考核，开展了“微笑服务迎全运、文明行车铸品牌”活动。公司服务质量和水平不断提升，五星级驾驶员人数逐月递增，从2009年4月份的122人增加到目前的171人，服务合格率达96.16%，乘客对公共交通的满意度平均达91.24%。

3. 员工素质整体提升

济南公交实施星级管理以来，员工整体素质有了较大提高。驾驶员挂星率、运营线路挂星率逐年提高，高星级驾驶员的比例、高星级线路的比例逐渐提高。2008年，驾驶员挂星率达到78%，线路挂星率达到75%。

（三）取得了显著的经济效益

2004年以来，济南公交年客运量上升保持在7%～10%，票款收入年增长6%～11%，安全交通事故起数明显下降，安全成本降低9%～18%。人车比由4年前的2.81∶1降到2008年的2.5∶1。

（四）提升了企业的品牌价值，增加了乘客的满意度

济南公交通过推行星级管理，强化了规范服务的品牌意识。泉城市民感到公共交通服务更人性化了，乘客满意度从2006年的82.12%上升到2008年的89.05%。

2006 年，济南市荣获全国首批“优先发展城市公共交通示范城市”称号，济南公交同时被建设部评为“全国城市公共交通文明企业”；2007 年，中国质量协会授予济南公交“中国用户满意鼎”，成为山东第一家、全国同行业第三家获此殊荣的企业；2008 年，济南公交荣获“中国城市公交科技创新优秀企业”；2009 年，济南公交荣获全国五一劳动奖状等。2008 年 3 月，胡锦涛总书记曾对济南公交的工作给予了勉励：“你们济南公交办得好，是一个品牌”。这是对济南公交工作的肯定和高度评价，也是济南公交迄今为止所获得的最高荣誉。

参 考 文 献

丁文琼，胡淑云，等．城市公交客运运营规划与管理实务全书［M］．北京：北京中软电子出版社，2002.